REBEL IDEAS:
The Power of Diverse Thinking

多样性团队

〔英〕马修·萨伊德 著

季丽婷 译

天津出版传媒集团

天津人民出版社

果麦文化 出品

致中国读者

  我对中国很了解。我曾经在十年时间里一直是英国的乒乓球冠军，所以在赛场上常常遇到像孔令辉、王励勤这样伟大的选手。写这本书的灵感之一，就来自陈新华教练对我的指导和训练。陈新华是 20 世纪 80 年代中国的顶尖球员之一，1990 年来到英国。

  在那之前，训练我的都是英国教练，他们很优秀、很敬业、专业知识也很丰富。但陈新华带来的是一系列完全不同的训练想法 —— 从多球训练（教练员把很多球接二连三地打向运动员）到关于技术和体能的全新理念，等等。

  这些都给了我很大启发。倒不是说陈新华的想法都刚好契合我，但他传授的东西对我有极高的价值。他在一个与我不同的乒乓球传统中成长，他的知识和理念拓展了我对乒乓球的理解。我的乒乓球事业也在 20 世纪 90 年代获得了突飞猛进的发展，我从不后悔投身这项事业。

  这段经历在一定程度上反映出团队成员多样性的重要。不同观点的人聚在一起，就能催生出更多新的想法、激发出更多新的可能。如果这在乒乓球运动中能够得以印证，那么在商业、技术、创新等领域就更是如此。

  最后，感谢你阅读本书，也衷心希望你喜欢它。

2020 年 12 月

目　录

集体盲点

I

2001 年 8 月 9 日，33 岁的法裔摩洛哥人哈比卜·扎卡里亚斯·穆萨维在位于明尼苏达州的伊根泛美国际飞行学校注册入学。[1]这所学校提供驾驶商用飞机的全套培训，而且教学中配备有高仿真模拟器。

起初，穆萨维看起来和其他学员没什么两样——他看起来经济条件不错，跟人交流时温和友好，充满好奇，一心想要学会驾驶大型喷气式飞机。然而开学才两天，他就引起了带教老师的怀疑，因为他付学费的方式与众不同：8300 美元的学费，他用百元现钞支付了大部分。[2]更怪异的是，他对驾驶舱门表现出了不同寻常的兴趣，并且不停地询问纽约市内及周边的航线状况。

工作人员疑心陡增，在穆萨维入学两天后，该校决定向明尼苏达州的联邦调查局举报他。于是穆萨维被批捕，联邦调查局对他展开审讯，并申请搜查他的公寓，但最终没有找到任何线索。

正文阿拉伯数字角标均对应参考文献。

就在"9·11事件"发生的几周前，一名涉嫌违规移民的男子在事件发生地的某个飞行学校入学。我们今天回头来看这件事，不难发现其中疑点重重。

*

"9·11事件"发生后的几个月里，美国国内针对情报机构的不作为展开了轮番调查。雇佣数十万情报人员、预算高达上千亿的组织，为何会破解不了这个阴谋？调查结果纷纷指出，这是一次不可原谅的失误。

这当中，中央情报局（以下简称"中情局"）无疑受到了最为严厉的抨击，毕竟它的本职工作就是协调各家情报机构应对威胁，特别是来自境外的威胁。推算起来，"9·11事件"策划于1998年底或1999年初，各情报机构有29个月的破案时间，但机会全部被错过了。这起事件被哥伦比亚大学索尔兹曼战争与和平研究所所长理查德·贝茨称为"发生在美国本土的第二起珍珠港事件"。著名情报专家米洛·琼斯和菲利普·西尔伯扎恩则直言这是"中情局史上最大败笔"。

在众多事实和线索面前，这些专家的话引起了广泛共鸣。实际上，"基地"组织早在1993年就打破了对自杀式爆炸的禁忌，并且他们的每次活动背后都有奥萨马·本·拉登的身影。

算起来，到事件发生时，出现拿飞机充当武器的想法已有近10年时间。1994年，一个阿尔及利亚组织在阿尔及尔劫持了一架飞机，目的据悉就是在埃菲尔铁塔上空炸毁它。[3] 当年年末，作家汤姆·克兰西写了一部惊悚小说，讲述的是一架波音747飞机撞入南加州大学阿皮托大楼。这部小说一经推出，就在《纽约时报》畅销书排行榜上名列第一。1995年，马尼拉警方详细报告了一起自杀式袭击计划，该计划的意图就是让一架飞机撞向中情局总部。

1997年，本·拉登的助理艾曼·扎瓦希里严格遵照首领的旨意，在埃及策划了一场杀害游客的行动。

1998年8月7日，内罗毕和达累斯萨拉姆同时发生爆炸事件，造成224人死亡，4000多人受伤。

2001年6月，就在穆萨维入读航空学校的几周前，一位来自亚利桑那州、名叫肯尼思·威廉姆斯的联邦调查局分析师曾给同事们发出一封电子邮件，其中写道："我写这封信是为了提醒联邦调查局和纽约市政府，本·拉登有可能组织各方力量，派遣学生进入民航大学和学院。"他建议调查局总部对国内所有飞行学校进行备案，走访运营商，并编制一份所有申请培训签证的阿拉伯国家或地区学生的名单。这份建议被称为"凤凰备忘录"，它本应发挥极大作用，可惜当时没有被采纳。

在这么多证据面前，情报机构的不作为遭到了各方严厉的抨击。参议院联合委员会得出结论："最根本的问题是……我们的情报机构手上明明有线索，却没能在2001年9月11日之前把这些相关的点连接起来。"

对此中情局驳斥说，这种评估方法尽管可以理解，但在事发后大谈破解恐怖分子的阴谋当然简单得很。他们还援引心理学家巴鲁克·菲舍霍夫和露丝·贝思调研的例子来证明自己的观点。就在尼克松总统访问中国这一历史性事件发生前，两位心理学家曾邀请各方人士评估这次出访会有怎样的结果：会不会促成中美永久建交？尼克松会认为这是一次成功的外交之旅吗？

众人皆知，这次访问硕果累累，但我们要关注的是那些受访者在事后如何

"记住"了他们的预估。比如，不少之前持悲观态度的人，如今却说本来就很看好这趟出访。正如菲舍霍夫所说："受访者再度被问起事件结果的时候，竟然完全没有表现出诧异之情……"他称之为"潜移默化的自我断定"。[4]

回到"9·11事件"，或许这个阴谋在事后显得昭然若揭，但在事件发生之前真的那么明显吗？这难道不是另一个版本的"潜移默化的自我断定"？中情局真如人们所说的那样难辞其咎？[5]

实际上，全球很多地方都有恐怖组织，监控设备每一刻都在捕捉网络对话，但大部分不过是日常聊天中玩笑式的威胁。情报机构可以对每一个可能性立案，但资源怎么够用？到最后很可能都是虚惊一场，很难有什么实际进展。就像一位反恐负责人所言，他们的工作是被要求在一片红旗的海洋里给红旗分类。[6]

对于中情局和他们的辩护者来说，"9·11事件"不能归结于情报的收集和分析不力，而是因为情势过于复杂。争论从未停歇：一方坚称情报机构错过了极其明显的警告，另一方则认为中情局已经尽了一切可能的努力，毕竟人人都知道提前发现这类阴谋有多难。

但也有少数人提出，双方的论断有可能都是错误的。

II

自成立以来，中情局在招聘人员时就力求万里挑一。候选的情报分析师不仅要经历严苛的背景调查、测谎、财务和信用审查，还要接受一系列心理和医疗检查。所以说，中情局雇的人一定是出类拔萃的。

"候选人要经过两项类似学术能力评估测试（SAT）的测验：一是考查智力，二是考查心理状况。"一位中情局资深人士透露说，"这轮测试后，成绩不是遥遥领先的人都会被淘汰掉。我申请那年，入选比例大概是 20000 人里录取 1 人。中情局说自己是在万里挑一，这一点都不夸张。"[7]

不难发现，被录取的佼佼者们有很大的相似性：他们都是白种人、男性、盎格鲁 – 撒克逊人、美国新教徒。这其实是招聘中很常见的"同质趋向"现象：人们总是倾向于雇用那些外表和思维方式都接近于自己的人。这很容易理解，人们总是希望身边的人面对外在事物时，与自己有相似的看法、见解和信仰。一句话，人以群分。在对中情局的一份研究报告中，米洛·琼斯和菲利普·西尔伯扎恩这么写道："1947 年至 2001 年间，中情局的身份文化首次表现出一个持续性的特征，那就是（相对于美国和全球而言）他们的人员在种族、性别和阶层上高度同质化。"[8] 下面是一位总督察在雇佣问题上的重要发现：

1964 年，国家情报评估局（中情局的一个分支）中没有黑人、犹太人或女性员工，并且只有少数天主教徒。

据披露，1967 年中情局大概有 12000 名非文职雇员，其中非洲裔美国人只有不到 20 人。据一名前中情局办案官员和招聘人员说，该局在 20 世纪 60 年代没有雇用过非裔美国人、拉丁美洲人或其他少数族裔，这种习惯一直延续到 80 年代……直到 1975 年，情报委员会还公开禁止雇佣同性恋者。[9]

1979 年 6 月，中情局因没有提拔一名女性职员而遭到起诉，一年后双方庭外和解。不久后，该局再次被一名有 24 年工作经验的职员起诉，原因也是性别歧视，最终该案以 41 万美元的赔偿结束。1982 年，在一起类似起因的集体诉讼案中，中情局又赔付了 100 万美元。然而，中情局并没有因此大幅改变人事政策。"没有什么真正改变过。"一位分析师说。[10]

一位内部人士谈及他 20 世纪 80 年代在中情局的经历时这么写道："秘密行动处招来的新职员，看起来和招募他们的人十分相似——白种人，大部分是盎格鲁-撒克逊人，中上层阶级，文科大学毕业生……很少有非白种人，很少有女性，少数族裔也很少，就连近几代亲属里有欧洲血统的人都很少。换个角度，从人员结构的多样性方面看，还比不上当初创建中情局的那批人。"[11]

1999 年，在一场题为"美国情报与冷战结束"的会议上，35 位演讲者中有 34 位是白人男性，唯一的例外是一名白人女性，她的任务是介绍晚宴上的一位发言人。[12] 共计 300 人出席该会议，其中非白种人不到 5 人。

至于有权决定任务优先级的中情局官员一般会有怎样的文化背景，目前还没有公开的数字可供查询。但米洛·琼斯和菲利普·西尔伯扎恩指出："根据我们所知道的同质化状况，很容易推断他们当中很少会有人熟悉中东文化。"[13]这个说法也得到了一名前中情局官员的证实。

冷战结束后，人员结构的多样性遭到进一步挤压。获得过普利策奖的记者蒂姆·韦纳在《灰烬的遗产》一书中援引中情局局长罗伯特·盖茨的话说："中情局越来越不愿意雇用有点不同的人、古怪的人、穿西装打领带不好看的人，以及沙盒游戏玩不好的人。我们用于考核候选人的各种测试，包括心理测试和其他测试，事实上会将一些拥有独特能力的人排除在外。"

一位前作战官员说，20世纪90年代，中情局的文化就一直保持着"白如米饭"的状态：在"9·11事件"发生前的几个月里，有一篇题为《国际情报与反情报杂志》的文章说："从一开始，情报界配备的人员就都是白人男性，且都是新教徒精英。这不仅是因为他们属于当权阶层，还因为精英们把自己看作美国价值观和道德观的守护者，并且有能力确保它们的推行。"

一些政府官员也意识到了中情局的同质化问题，并且提出了异议。他们担心中情局的人员构成代表不了要保护的社会群体，并且认为如果纳入更多女性和少数民族，那么将能鼓励更多人站出来提供情报。他们希望有一支更加包罗万象的队伍。

然而中情局的内部人士似乎总握着一个黄金标准不放：选用人员向来以能力为先，任何对这一优先级的削弱都会威胁到国家安全。就像你选人参加短跑接力，就要选跑得最快的人，即使他们的肤色和性别都一样，那又如何？你使用的选拔标准如果不是基于速度，而是其他方面，就会破坏队伍的整体表现。在国家安全面前，中情局决不容许将政治正确性置于安全之上。

必须在人才的优秀程度与人员结构的多样性之间进行某种权衡，这种观点其实由来已久。在美国，这也构成了安东尼·斯卡利亚大法官呈递给最高法院的一个重要论点的思想根基。斯卡利亚法官认为，要么直接承认更看重多样性，要么就是"彻头彻尾地糊弄人"。一个工人、学生或者其他性质的团体，如果是在择优选取的宗旨之下自然而然形成了某种多样性，那是一回事；但如果有意识地将多样性置于择优选取的标准之上，则只会与初衷背道而驰。

如果是参加一场接力赛，那样做会导致输掉比赛。如果是开一家公司，那就更糟了，可能会危及公司的生存。试想，无论员工的组成是多样性还是单一化，一家破产公司还怎么供养员工。要说国家安全，那更是将本应保护好的国民置于危险境地。到了这个地步，所谓合乎道德伦理的行动方案又从何谈起？正如一位前中情局分析师告诉我的那样："我们坚持认为不能妥协，那种'扩大人员构成'的论调，不管究竟会导致什么都不可取。如果它导致组织竞争力下降，那就更是无稽之谈。这不是固执己见，这是爱国。"

到了 2016 年，安全专家的论调依然未变。前中情局分析师弗雷德里克·弗莱（特朗普上任后担任国家安全委员会主任）在《国家评论》杂志的一篇专栏文章中抨击了旨在提高中情局人员多样性的举措："保卫国家免受威胁，这需要的是真正的精兵强将。要确保他们能在充满挑战的安保和法律环境中执行情报行动和撰写分析报告……中情局的责任过于重大，不可以被社会工程学的那些思潮影响。"

担心反间谍活动，也是中情局不愿意招募少数族裔的原因之一，只不过这个因素不太被提及。通常，只要呼吁改善中情局的人员构成，都会被以破坏人才的卓越性为由制止。中情局要的就是高精尖人才！国防安全不容小觑，决不允许将人员多样性置于能力之上！正如一位观察家所言："政治正确性永远不应高于国家安全。"

但他们没有意识到，这种非此即彼的两分法，实则是错误且危险的。

III

本书讲述的多样性，是指如何把不同想法的人聚集在一起发挥作用。

在某种程度上，这听上去是一个奇怪的目标。我们当然希望能够正确、精准地思考，而不是把独树一帜作为目标。只有当自己掌握真理而大多数人都错了的时候，个人的不同想法才有意义；如果别人是正确的，那一个人的所谓"独特想法"只会把他带入歧途。相信这套逻辑人人都会认可。

还有一个常识性的观点也来自前文提到的斯卡利亚大法官：从多样性的角度去招募员工，会在某种程度上损害工作业绩。雇人的标准就应该是聪慧、有知识或者高效，如果不符合这些条件，那你为什么要招募此人，难道仅仅因为他与众不同？

在后文中我会向你解释，为什么上述两种直觉性观点都是错误的 —— 至少在最迫切、最具挑战性的问题上是错的。如果你一心想要解决的问题关乎重大，比如气候变化、消除贫困、治疗疾病，或者设计新产品等，那么你就需要和有着不同想法的人一起合作，而不仅仅是找那些想法正确的人。这就要求我们退后一步，学会从完全不同的角度去审视工作业绩。

这样想来，我们关于"如何成功"的传统思考方式都带上了一些讽刺的意味。如果你去看科学或者通俗文学，会发现它们的关注点都是个体，探讨的基本上都是我们该如何提升自己或者身边同事的知识储备或洞察力。一些很棒的畅销书：比如安德斯·爱立信和罗伯特·普尔的《刻意练习：如何从新手到大师》、加里·克莱恩的《如何作出正确决策》，还有卡罗尔·德韦克的《终生成长》，也都是从不同角度着眼于个人能力如何慢慢获得提升。

另有一些优秀的书籍也遵循这样的思路，但方式略有不同。这些书的观点是：即便我们渐渐掌握了一些专业知识，也容易受到偏见和古怪思潮的影响，从而降低做出明智判断的能力。比如丹尼尔·卡尼曼的《思考：快与慢》、丹·阿里里的《可预见的非理性》和理查德·泰勒的《"错误"的行为》，主要讲的就是通过理解及防范这些偏见来提升工作业绩。

但是，过分聚焦于个体就有可能忽视我们常说的整体视角。我可以举一个蚁群研究的例子来说清这两者之间的差异。一个经验不太丰富的昆虫学家，很可能采用观察个体蚂蚁的方法来理解整个蚁群的状况。毕竟，小蚂蚁们作为个体也有着各式各样的行为，比如收集树叶、列队前进等，它们是忙碌的生物，令人着迷。

然而这个昆虫学家很有可能花上一年，甚至一辈子研究每一只小蚂蚁，却仍然对蚁群一无所知。这是为什么？因为蚂蚁真正吸引人的地方并不在于局部（即个体），而是当它们形成一个整体的时候。了解蚁群的唯一方法不是拉近镜头放大个体，而是把镜头放远。只需改变一步，你就可以发现整个蚁群是一个连贯的有机体，它甚至能解决很多非常复杂的问题——譬如建造结构复杂的家园，或者寻找食物等。蚁群是一个应急响应系统，它的整体大于部分之和。

这本书会告诉你，人类群体也不乏类似的有趣现象。如今，几乎所有最具挑战性的工作都是团队完成的，原因很简单：问题太过复杂，一人难挑大梁。在几乎所有的学术领域中，由单一作者撰写的论文都在逐年减少。在科学和工程领域，90%的论文都是团队撰写的。在医学研究中，合著论文的数量与单独撰写的比例大概为 3 ：1。

在商业领域我们也看到了同样的趋势。由凯洛格管理学院的心理学家布莱恩·乌兹带领的一个研究小组，曾对美国自 1975 年以来颁发的 200 多万项专利进行研究，他们发现在 36 个分类中都是团队合作的成果居多，无一例外。金融市场也是如此。25 年前，绝大多数股票基金都归个人管理，现在则多由团队管理。布莱恩·乌兹总结道："人类创造力最显著的趋势是从个人到团队的转变，与单枪匹马相比，团队共创的情况越来越多。"

这就是为什么整体视角很重要。我们不应该继续从个体的角度去考察工作表现，而是要从群体的视角去看待问题。当你有了这种更全面的视角，就会发现我们称之为"集体智慧"的东西其实在很大程度上依赖于群体的多样性。

当然，多样性分很多种。比如，性别、种族、年龄和宗教的差异有时被归类为人口多样性（或身份多样性）。这本书关注的不是人口多样性，而是认知多样性，也就是视角、见解、经验和思维方式的差异。这些概念之间经常（但并不总是）有重叠，不同背景、不同经历的人，往往以不同的方式思考问题。我们将在后文中详细地分析这种关系。

认知多样性在几百年前并不那么重要，因为我们面临的问题往往是线性、单一的。一个能准确预测月球位置的物理学家不需要不同的意见来帮助他完成工作，因为他已经很专业了，任何其他意见都可能是错误的。我们通常认为，换一种思维方式可能会导致注意力的分散，但是在面对复杂问题时并非如此，持有不同观点的群体拥有巨大优势，而且往往是决定性的优势。

在这本书里，一门新科学的轮廓将会出现，这门科学将带你到达一些不寻常的目的地：珠穆朗玛峰的死亡地带，我们人类诞生之初的撒哈拉以南的非洲，20世纪50年代初美国空军的基地，研究节食与健康的实验室……你将看到一些成功的故事，并剥开它们的层层细节，探究成功背后的隐藏逻辑。当然，你也会看到失败的案例，往往看清问题出在哪里之后，才能得到最生动的参照指引，从而找到正确的出路。

读完本书，你将获得一个看待成功过程的全新视角，这不仅对企业和政府有着深远意义，对我们个人也很有裨益。能够有效驾驭认知多样性的力量，这不仅是一个关键的竞争优势，也是获得革新与成长的必然选择。你甚至会信心满怀地说：我们正在迈入多元化的时代。

但首先，让我们先来看一组思维实验，通过它们来理解认知多样性的含义及其重要性。之后，我们会回到"9·11事件"的发生过程，进一步探究这起现代史上最具典型意义的情报失利案。往往，真实的案例才最能说明问题。

IV

2001年，密歇根大学安阿伯分校的两位社会心理学家理查德·尼斯贝特和高彦正田挑出两组实验对象：一组是日本人，另一组是美国人。他们观看了同一段水下场景的视频。当被要求描述他们所看到的东西时，美国人大多谈到了鱼，他们似乎特别能记住事物的细节。"我看到三条大鱼向左边游去，它们有白色的肚子，还有粉红色的圆点。"日本人则更多地谈论水底的环境而不讲里面的具体事物。"我看到了像是溪流的东西，水是绿色的，底部有岩石、贝壳和植物……对了，还有三条鱼向左边游去。"[14]

两组人所陈述的景象不同，正好印证了他们不同的文化背景：美国人更讲究个性化，关注的是具体事物；日本人相互依赖性更强，看重整体环境。

在下一阶段的实验中，实验对象会在录像中看到新的水下场景，有些东西是他们之前见过的，有些没有见过。当原来的东西被放置到新的水下场景时，日本人就很难再把这些事物辨认出来，可能是因为环境改变，他们的注意力被分散了。但美国人的表现恰恰相反，他们完全无视周遭环境的变化。

对于研究人员来说，这是一个令人非常惊讶的结果。几十年来，心理学的一个中心原则是：人类都以基本相似的方式理解世界，正所谓"真理是普遍的"。尼斯贝特曾说过："我始终认为人类思想的本质都是相似的……每个人都有相同的底层认知过程。毛利牧民也好，狩猎者也好，互联网创业者也好，他们都使用同样的思维工具进行感知、记忆和因果分析等活动。"

但水下实验表明，即使是我们与世界最直接的互动 —— 仅仅是一次观察世界的行为 —— 也因为文化背景的不同而存在着系统性差异。尼斯贝特的这篇研究论文至今已被引用数千次，并催生了一个颇受关注的研究项目。退一步来看，我们可以说美国人和日本人所使用的参照框架不同。当然，即使是同一个文化群体肯定也存在个体差异，但是平均来看，美国人的参照框架更趋于个性化，日本人则趋于环境依赖。每一种框架都有各自侧重的信息重点，都会挑出它所认为的水下场景的重要特征。而每一种框架也都包含盲点，它们看到的都不是事物的全貌。

现在，假设你可以把两者合并成一个团队，看看会发生什么。我们知道，在分开的时候，他们各自只看到了事物的部分面貌，忽略了一些特征。但是如果合并在一起，他们就可以把各自看到的东西汇总起来陈述了。通过合并两个局部性的参照框架，一个整体全貌就会显现出来。现在，我们对水下场景的真实面貌就有了更加全面的认识。

这个实验也在首次尝试着去推翻之前提到的那种直觉性"常识"。你应该记得斯卡利亚大法官说过，一个组织要么直接承认更看重多样性，要么就是"彻头彻尾地糊弄人"，这意味着多样性和卓越性之间必定有一个取舍。当然，对于一些线性任务，比如接力跑比赛，这种逻辑确实有道理。

然而水下场景的实验反映出，换一种情况上述逻辑可能就站不住脚了。如果两个人的观点都不完整，那么将他们的观点结合在一起，就可以形成更多元、更全面的洞察，而不是适得其反。可以这么说，就算两个人的观点都是错误的，或者都忽略了什么，但他们是在两个不同方向上各自犯错的，这意味着如果把他们融合在一起，拼起来的画面也许会更加丰富和准确。

下面让我们来试着解决一个问题 —— 我称之为"洞察之谜"。这可以让你用一种不同的思路去理解前文说过的逻辑。这个问题如下：

假设你是一名医生，正在治疗一位胃部患有恶性肿瘤的病人。目前对病人做手术是不可能的，但如果不能除去肿瘤，病人就会死亡。有一种激光射线，如果以足够高的强度击中肿瘤部位，就能消灭肿瘤。不幸的是，在这种强度下，射线在触及肿瘤之前必须要经过的健康组织也会被破坏。可是如果强度较低，射线虽然不会伤害组织，但也不会对肿瘤产生实质威力。那么，有什么样的方法可以既用射线破坏肿瘤，又不伤害健康组织呢？[15]

如果你觉得无法解决这个问题，这很正常。超过 75% 的人都认为这是一个死局，病人肯定没救了。但现在，请你读一下这则看似无关的故事：

在一个乡镇的中心坐落着一座堡垒，周围被农场和村庄环绕，有好几条乡间道路通向这座堡垒。有一支叛军誓要攻下这座要塞，但得知每条通往要塞的道路底下都埋藏着地雷。地雷的设置是这样的：如果只是一小群人，可以安全通过，但是一支大部队就会引爆它们。于是，将军把他的军队分成好几个小队，把每个小队派到各条道路的路口待命。在一切准备就绪后，将军发出信号，每一队人都沿不同道路按序前进，最终全军在同一时间到达要塞。就这样，将军的攻占计划取得成功。[16]

现在再看看医生的难题，你想到解决办法了吗？调研显示，超过 70% 的人在读了这则关于攻占堡垒的故事后就找到了拯救病人的方法 —— 在患者周围设置多支射线枪，用每支枪发出 10% 的辐射，这样就能在不损害健康组织的情况下击毁肿瘤。有趣的是，人们在听了攻占堡垒的例子之后，就能联想出一个解决方案，可之前怎么都想不到。

当然，这是一个人为设想的案例，不过它还是让我们看到了，加进不同视角的确可以帮助解决疑难问题。比如在这个案例中，有军事背景的人就有可能帮到肿瘤专家。诸如此类的案例不是要强调谁正确、谁错误，而是为了证明通过不同的视角看待问题，可以激发出新的见解，找到新的类比，想出之前难以想出的解决方案。

此外，这个案例也从另一个角度推翻了人们的一些固有认知。在面对一个棘手的医疗问题时，人们通常想到的是多找一些医生来会诊，毕竟医生拥有最丰富的医学知识。但是，如果这些专家拥有的是同质化的学术背景和培训经历（也可以理解为相似的参照框架），他们很可能会存有相同的盲点。很多时候，你其实需要借用一个局外人的眼光，用一种新的方式来看待问题。

解决复杂问题通常需要多维度的视角，因此需要各种不同观点的注入。美国管理学家菲利普·泰特洛克这样说过："视角越是多样化，人们就越能在更宽广的范围内找到解决方案。"诀窍就在于，要找到有不同视角且能有效解决眼前问题的人。

V

在继续解析"9·11事件"之前，我先简单介绍另一个研究领域——感知盲点，这也是本书的一个核心概念。感知盲点指的是一种当局者迷的状态——每个人都能通过某种参照框架来感知和理解世界，但我们看不到自己的参照框架本身。感知盲点的存在说明：我们往往意识不到自己能从异见者身上学到不少东西。

感知盲点是 2005 年作家大卫·福斯特·华莱士在美国肯扬学院的演讲主题，那场演讲被《时代》杂志誉为有史以来最伟大的毕业演讲之一。演讲从一个鱼缸开始，说有两条小鱼在水里游着，突然碰到一条从对面游来的老鱼向他们点头问好："早啊，小伙子们，水里怎样？"小鱼继续往前游了一会儿，其中一条终于忍不住了，他望着另一条问道："水是个什么玩意？"

华莱士的观点是：我们的思维模式常常会形成某种惯性，以至于我们很难注意到自己对现实的感知已经被过滤了一层。其实在生活中的大多数领域，人们看待问题的角度和方式都各不相同，并且能够互相启发。但问题在于很多人都意识不到这一点，就像英国喜剧演员约翰·克莱斯所说："每个人都有自己的一套理论体系。那些看不到自己理论体系的人，处境就危险了。"

记者雷尼·埃多·洛奇举过很多关于感知盲点的例子，有一个就发生在她自己身上。她有段时间手头很紧，没有钱全程坐火车去上班，所以不得不骑自行车走一段路。正是这段经历让她看到了世界的另一面：

在平日通勤的火车站上下楼梯时，我发现了一件让人很不舒服的事：我乘坐的大部分日常公共交通工具的站台上都没有无障碍设施，没有坡道，没有电梯。对于推童车的父母、使用轮椅的人，或者需要搬运大件东西（比如一个架子）的人来说，要想顺利坐上车几乎是不可能的。要不是我自己需要搬自行车，我永远也不会意识到这个问题。我从未注意到，无障碍设施的缺乏正影响着这么多普通市民。[17]

这段经历让她对世界有了一个新的认知，她以前不知道这种情况的存在，也根本不知道自己不知道。一扇新的窗户在她面前打开，让她发现了一个盲点，也认识到自己的视角一定存在更多盲点。当然，我讲这个例子并不是想说所有通勤车站都应该配备某些设施，而是希望用它来反映这样一个问题：只有对成本和效益有了充分的认识，我们才能进行有意义的成本效益分析。也就是说，我们必须先看到事物的全貌，然后才能理解它们。这有赖于人们拥有不同的认知视角，并通过互相帮助来看清各自的盲点。

即使想要跨出自己的参照框架，也是很难做到的，我可以用"婚礼礼物清单悖论"来直观地解释其原因。婚礼前，夫妇们常会发出一份他们希望收到的礼物清单。但很有趣的是，参加婚礼的客人很少会依照清单来购买礼物，他们大多喜欢亲自挑选一份独特的礼品以表心意。

究竟哪种礼物更受欢迎呢？2011年，哈佛大学的弗朗西斯卡·吉诺和斯坦福大学的弗兰克·弗林进行了一项实验。他们招募了90名参与者，将他们均分成两组，一组人是送礼者，另一组人是收礼者。随后，收礼者被要求去浏览亚马逊网站并列出一份礼物清单，每件礼物的标价要在10美元到30美元之间，送礼者则需要从这份清单中选择礼物，或者自己另外挑选一份独特的礼物。

实验结果很有说服力。送礼者认为收礼者一定会喜欢自己另外挑选的礼物，甚至满怀感激，因为这些礼物中包含着个人的心思，足够独特。但是他们错了，事实上收礼者更喜欢自己清单上的礼品。

心理学家亚当·格兰特发现，赠送婚礼礼物时也有同样的情况发生：送礼者喜欢选一些自己觉得独具匠心的礼物，而收礼的夫妇则更喜欢自己婚礼清单上的东西。

这就是因为感知盲点的存在。送礼者很难跨出自己的参照框架，显然他们自己喜欢某份礼物，所以才会去挑选它，他们想象的是自己收到这份礼物时的喜悦。而另一边，收礼者因为口味偏好不太一样，所以无法对这种喜悦感同身受，否则他们一开始就会把这些礼物放在清单上了。

这也能解释为什么人口多样性（人种、性别、年龄、阶层等方面的差异）在某些情况下能够增加群体智慧。如果团队成员的个人经历比较多样化，那么这个团队对人类同伴的认识就会更全面、更细致。不同的参照框架能够被连接起来，这让他们的视角更广，盲点更少。美国经济学家查德·斯巴伯教授发现，在法律、健康和金融服务领域，人种多样性增加一个标准差，生产率就能提升25%。[18] 麦肯锡对德国和英国公司的分析发现：高管团队的性别和人种多样性排在前四分之一的公司，其股本回报率要比排在后四分之一的公司高出66%之多[19]；对于美国公司，这个数字是100%。

当然，同一人种的人经历也各有不同，民族与民族之间有差异，民族内部的人与人之间也存在着差异。但这不会改变刚才提到的观点：将具有不同经历的人聚集在一起，可以拓宽和加深对外部事物的理解，尤其当你想理解的是人本身。这也解释了另外一个发现：同质群体不仅容易表现不佳，而且连如何表现不佳都可以推测出来。当你被相似的人包围时，你们彼此拥有相似的感知盲点，甚至还可能互相强化这些盲点。这一现象有时被称为"互为镜像"：周围的人对现实的感知和你一样，他们把这种感知投射给你，你又像镜子一样返还给他们，结果你们相互强化了一些不完整或者完全错误的判断。要知道，确定性与准确性成反比。

举个例子，哥伦比亚商学院教授凯瑟琳·菲利普斯曾带头开展过这样一项研究：研究者安排了多个小组去解开一系列谋杀案之谜，各小组收到大量复杂的材料，包括不在场证明、证人证词、嫌疑人名单等。其中一半案件由四个好朋友组成的小组负责调查，另一半的案件则是由三个朋友加一个陌生人的组合来调查。所谓陌生人也就是一个局外人，一个与其他人所处社会环境不同、有着不同感知视角的人。根据我们在前文中的分析可以猜到，有局外人的小组无疑会表现得更好，实际上也确实好得多，他们在75%的案件中都找到了谜底，相比之下，同质化小组的正确率只有54%，还有几位单独找答案的个人，正确率仅为44%。

两种团队执行任务的过程迥然不同。多元化的一组人发现集体讨论时很难在认知层面达成共识，因为观点的差异很大，所以很容易发生争论和分歧。他们通常能够得出正确答案，但一直无法完全确定。不过，正是因为对案件进行了全面和坦率的探讨，他们才真正触及了案件复杂的本质。

同质化的团队则正好相反。他们觉得讨论的过程非常愉快，因为大部分时间都在互相认同。实际上，他们只是在照搬别人的观点而已。尽管最终的判断很可能是错误的，但他们对自己的答案却深信不疑。没人指出他们的视觉盲点，他们自己也无从感知这种盲点的存在。既然接触不到其他观点，他们对自己的观点就越发肯定。这也反映出了同质化群体存在的严重风险：他们很可能是在过度自信与严重误判之下做出了决策。

VI

1996 年 8 月 23 日，奥萨马·本·拉登在阿富汗托拉博拉的一个山洞里向美国宣战。录像画面里是一个胡子及胸的男人，他衣着简单，外面罩着一件战服。

现在我们已经知道了后来发生的事件，回过头来再听他的宣战声明，无疑会感到惊悚。但当时，来自美国头部情报机构的一位内部人士这样描述中情局对这段视频的看法："他们不相信这个胡子拉碴、蹲在篝火旁的高个子男人会构成什么威胁。"[20]

当时，相当一部分的中情局工作人员都认为本·拉登看起来很原始，对像美国这样的科技巨头来说构不成什么威胁。理查德·霍尔布鲁克是克林顿总统任期内的一位高级官员，他表达出疑惑："一个住在山洞里的人，他的情报能力怎么会超过全球顶尖的信息大国？"[21]另一位熟悉中情局的专家称："由于这家伙住在一个山洞里，中情局无论如何也找不出理由投入资源去深入调查他和他的'基地'组织。"[22]

其实，本·拉登之所以穿着极为简朴的衣服，举手投足在西方人眼里也显得很原始，是因为他正代表着"先知"，这些表现在某些人看来极其神圣，极大地强化了本·拉登的威望和影响力。

正如劳伦斯·赖特在普利策奖获奖著作《塔影蜃楼》中所说的那样，本·拉登精心策划了整个行动，他的"形象"是有特殊含义的形象，而且可以迷惑不懂的人。

至于洞穴，它有着更为深层的象征意义。穆罕默德从麦加成功脱身后，就是在一个山洞里避难。他所在的洞穴被一系列神圣的阻隔物包围起来——一棵原地生长出来、遮住入口的相思树，一些神奇的蜘蛛网和鸽子蛋，追兵因此认为洞穴里空无一人。

所以山洞本身就带着光环，具有非常深远的意义。本·拉登把自己幻化成"先知"，这个山洞就是他做对外宣传时的有利背景。正如一位学者和情报专家所说："本·拉登所做的是战略性部署。"劳伦斯·赖特则说："这是本·拉登天才般的公关技巧的产物。"

本·拉登传达的信息铿锵有力、效果显著，但只有拥有内部视角的人才读得懂，很多人都受到了强烈触动。他的追随者迅速扩展到 2 万人之多，他们在 1996 年至 2000 年间接受了集中培训，且大部分人都受过大学教育（工程学居多），很多人可以说五六国语言，后来成为"基地"组织炭疽研究人员之一的雅兹德·苏法就拥有萨克拉门托加州州立大学的化学和实验科学学位。

危险信号已经呈井喷状态，但中情局的内部考量却认为这算不上什么大事。中情局配备有最聪明、最优秀的人员，这些人的职责就是分析威胁，并就威胁的轻重缓急进行排序。然而，"基地"组织的名字排得非常靠后，这倒不是因为情报人员没有尽力做好分析，而是他们无法将看到的事实关联起来。

米洛·琼斯和菲利普·西尔伯扎恩在《构建卡桑德拉》一文中写道："有经验的情报工作者由于文化差异的关系低估了威胁。"一位学者和情报专家也提出了同样的观点："中情局无法察觉危险，是因为他们从一开始就有一个认知黑洞。"琼斯和西尔伯扎恩还提出："本·拉登喜欢用诗歌发表声明，这也是导致分析人士被误导的原因之一。"例如在 2000 年美国海军"科尔号"驱逐舰遇袭后，他就吟唱了几句诗：

裹挟着狂妄、傲慢和虚妄的力量，乘风向前，

她缓慢驶向灭亡。一艘小艇正等着她乘风而来。

在亚丁，年轻人站起来，奔赴带来毁灭的战争。

最终，强权也将惧怕毁灭者。

对于出身中产阶层的分析师而言，这看上去十分怪异，甚至近乎奇幻。本·拉登为什么要用诗歌来发号施令？这与"生活在山洞里的原始人"的最初印象完全匹配。然而诗歌在这里有一种特殊的含义，甚至是神圣的。中情局在研究这些问题时使用的参照框架是扭曲的。就像琼斯和西尔伯扎恩所说："在中情局总部的认知里，这些诗歌远离现实，更像是宇宙里的事物。"

中情局始终没有发现危险已经迫在眉睫。我们要探究的问题：不仅仅是中情局在 2001 年秋季没能将线索串联起来并最终看破阴谋，更是整个情报体系的结构性溃败。集体协作的目的是扩大和加深理解，但中情局的人员构成过于同质化，以至于创造出了一个巨大的集体盲点。

2000 年 7 月，穆罕默德·阿塔和马尔万·谢赫希从欧洲飞抵佛罗里达，入学哈夫曼航空飞行训练学校，开始进行训练。与此同时，齐亚德·贾拉开始了他在佛罗里达飞行训练中心的学习，他被学校的老师赞誉为"完美学员"。哈

尼·汉约也在亚利桑那州接受着高级模拟机培训。"终局"即将到来。

怎么会有人发动一场永远也赢不了的战争？这对那些西方中产阶层的分析师而言简直匪夷所思。

1998年，一份提交给总统的每日简报中就提到过本·拉登劫持飞机的打算，但没有讨论自杀式袭击的可能性。其实所有的点都已经呈现在画面上了，但还需要一个多元化的团队将它们连接成一幅"阴谋"地图。

时至2001年夏天，袭击计划已酝酿成熟，19名劫机者都已抵达美国境内。

与此同时，中情局高级官员保罗·皮勒（白人，中年，毕业于常春藤盟校）却一再低估发生重大恐袭的可能。"有人提出，应该重新定义现阶段下的反恐任务，需要准备应对所谓'灾难性''大规模'或者'空前可怕'的恐怖主义行动，这种想法是错误的。"他说，"事实上，目前美国面临的恐怖主义威胁，或者大部分反恐支出的类项，都与这几个标签没什么关系。"[23]

事发之后中情局曾自辩称：尽管一些讯息和备忘录多多少少暗示了潜在的危机，但当时的确做不出能得到这一观点的合理分析。深究来看，中情局不是在研究细节的时候出了纰漏，而是在全局观方面存在问题。正如一位情报专家所说："这倒不是某几份情报报告，或者具体政策上的问题；这是在认知层面，对一起历史事件的深层次误判。"

米洛·琼斯和菲利普·西尔伯扎恩推测，本·拉登"很可能"已经知道美国情报系统存在"黑洞"。因为9月9日，也就是袭击发生前48小时，他竟"有胆量打电话给在叙利亚的母亲，并一五一十告知'两天后，你将听到一个大新闻，之后我会和你断联一段时间'"。然而情报机构用于调查"基地"组织的资源非常有限，他们虽然拦截了这通电话，但从拦截到解释分析竟用了 72 小时之久。等到他们真正开始研究这段电话录音的内容时已为时过晚。

9 月 11 日上午 5 时，穆罕默德·阿塔在波特兰机场的旅馆起床。他剃了胡子，收拾好东西，与室友阿卜杜勒阿齐兹·奥马利一起下楼去前台退房。早上 5 时 33 分，他们把房间钥匙交还给前台，坐上一辆蓝色的日系轿车。几分钟后，他们开始办理飞往波士顿的美国航空公司 5930 次航班的登机手续，之后转乘美国航空公司 11 次航班飞往洛杉矶。[24]

几乎在同一时间，瓦利德和怀尔·谢里从波士顿郊区牛顿镇的帕克酒店 432 房间退房，前往洛根国际机场与穆罕默德·阿塔会合。艾哈迈德和哈姆扎·阿尔·加姆迪带着两张联合航空 175 次航班的头等舱机票出发前往机场。其他劫机者也都开始行动。

没有一名劫机者被安保人员拦下，因为机场方面根本没有接到任何威胁警报。劫机者甚至被允许携带长达 4 英寸 * 的刀具进入机舱，因为情报人员根本想不到，正是靠着这些刀具，劫机者就把喷气式客机变成了致命的炸弹。

前两架飞机是在早上 8 时左右起飞的。8 时 15 分，波士顿空中交通管制中心的空管员发现异常：美国航空公司 11 次航班偏离航道，经由马萨诸塞州伍斯特上空向左飞去，而它本应该转向南边。8 时 22 分，飞机的应答器停止发出信号。6 分钟后，飞机陡然倾斜，仿佛要一头冲向哈德逊河谷。8 时 43 分，飞机以震耳欲聋的轰鸣声掠过乔治·华盛顿大桥。

---

* 编者注：1 英寸约等于 2.54 厘米。

很快，它就如同一枚子弹般穿入了双子塔的北塔。

VII

那些抨击美国情报体系的人说得一点没错，"9·11事件"完全可以避免。只不过，他们把问题归因于中情局工作不力，没能发现如此明显的警告。而事实上，就像声援中情局的人反复强调的那样，那些批评者本身也陷入了一种"潜移默化的自我断定"。中情局看不到的信号，这些批评者很可能也看不到，因为他们的组织构成同样不够多元化。

中情局因不够多元化而造成了感知盲点，这只是我们分析出来的原因之一，但从中可以清楚地看出，人员构成的同质化在很大程度上击垮了世界上最高尖端的情报机构。这一分析也带来了全新洞见，那就是换一个人员构成更加多元化的情报组织，它对于"基地"组织能造成的威胁，甚至对全世界方方面面的其他危险都会有更加深刻的认识和理解。我们不难想象，融合不同的参照框架，使用不同的视角组合，将能创造出一个更全面、更细致、更强有力的"综合体"。

中情局中有相当高比例的工作人员出身于中产阶级家庭，他们几乎从没经历过经济困难，没有被人疏远过，没见识过极端主义，没有目睹过某些早期迹象最终演变成激进行为的全过程，也没有过其他可以真正为情报工作提供重要见解的类似经历。可以说，他们中的每一个人，要是摆在一支多元化的团队当中，都是不可多得的人才。但组合成一个群体的时候确实存在缺陷，因为他们的参照框架高度重叠。这绝对不是在批评作为白人、新教徒的美国男性，我认为，正是由于被安排在一个缺乏多样性的团队里，才导致这些人的才华遭到埋没。

最直击要害的一段证词来自中情局内部。前副局长卡门·梅迪娜是当初为数不多的进入中情局高层的女性之一，她在总部工作的 32 年里，一直呼吁改善人员结构，提高多样性，但大多徒劳无功。在 2017 年的一次专访中，她做了一段十分精彩的陈词，可以说直击这起美国历史上最大情报失利案的腑脏：

中情局尚未实现自己的多元化目标。如果美国国防安全机构中几乎所有人的世界观都趋于一致，那么我们从何处入手，去理解我们的对手及预判他们的行为？所以，我认为情报界必须要理解、吸收更多不同的观点和视角。

她接着说道："如果慎重考虑去纳入不同的想法、相左的观点和不同的经验背景，那么你对世界的理解就会更全面，也更准确。"

或许最具讽刺意味的是，即使中情局嗅到了危险信号，并准备对基地组织实施渗透行动，他们也很难达成目标。为什么？因为他们的特工团队也同样缺乏多样性。

情报专家米洛·琼斯指出，中情局里几乎没几个分析师能够听说读写汉语、韩语、印地语、乌尔都语、波斯语或阿拉伯语，而讲这些语言的人占到了世界人口的三分之一。根据学者艾米·泽加特的说法，2001年毕业的秘密特工班中，只有20%的人能流利地讲出非罗马语系的语言。直到1998年，中情局里还没有一个办案官员能说普什图语（阿富汗的主要语言之一）。珍珠港事件发生后的数十年里，美国政府苦心开发出不少专门针对突然袭击的检测及预警方法，但与其说这些方法不奏效，倒不如说根本没有被真正启用过。[25]可以这么说，全世界人力成本最高昂的情报机构从来就没有脱离它的起点。

值得注意的是，很多讲述"9·11事件"的电视剧还指出了另一个罪魁祸首：情报机构之间存在竞争关系，导致它们不能进行有效的信息互通。事实上也确实有很多这样的案例存在，比如2001年5月，在中情局和联邦调查局的一次激烈会晤中，前者拒绝透露有关哈立德·穆罕默德·阿卜杜拉·米赫达尔的信息，而此人恰恰就是后来77次航班的5名劫机者之一。一些人指出，当初要是中情局愿意透露自己知道的信息，联邦调查局就能意识到基地组织的特工已经到达美国境内。

诸如此类的原因不容忽视，[26]但将它们简单归为"9·11事件"情报失利的问题根源也有失偏颇。实际上，最深层的原因非常微妙，不那么好发现。不过数十年来，很多人都曾指出多样性这个问题，卡门·梅迪娜本人也曾在2017年的讲话中指出："（缺乏多样性这个问题）极具讽刺意味。因为最应该有能力以高效方式处理不同观点的组织就是情报组织。"

这或许也是中情局的最大悲剧。米洛·琼斯指出，中情局的整个历史都在重复"9·11事件"的轨迹。我与琼斯在伦敦会面时他说到，每一次这样的失利都可以直接且无可辩驳地归因到情报机构存在感知盲点这一事实。在这场激烈的长期辩论战中，无论是支持还是抨击情报机构的阵营，都忽视了其中最为核心的问题。批评者认为事后看来威胁显而易见，这没错。支持者称中情局已经雇佣了顶尖人才，这样的威胁本就很难发现，这也无可厚非。

可以肯定的是，任何一位情报分析师都不应该成为这起事件的"替罪羊"。他们没有懈怠，没有在工作时睡大觉，也没有玩忽职守，通常用来形容表现不佳的负面词汇不应该用来形容他们。他们也不缺洞察力、爱国主义精神和职业道德。事实上，没有一个情报分析员缺少任何东西。只有当他们汇聚成一个组织的时候，缺失的那一块才会显现出来。

中情局的问题就在于：个人感知到位，但集体失明。也正是在这个悖论的交叉点上，我们看到了团队多样性的必要性。

克隆人谬误

I

　　2016 年的年中，我收到英国国家足球中心主席大卫·希普汉克斯的电子邮件，邀请我加入英格兰足球总会的技术咨询委员会。成立这个委员会是要给首席执行官马丁·格伦、英格兰男子女子顶尖球队技术总监丹·阿什沃思、英格兰男子队主教练加雷斯·索斯盖特提供咨询建议。这个委员会的成员中有很多"外行人"：一家高科技初创企业的创始人、英籍亚裔人士马诺杰·巴代尔，专门管理奥林匹克运动的苏·坎贝尔，教育家迈克尔·巴伯爵士，英格兰橄榄球队前主教练斯图尔特·兰卡斯特，自行车教练戴夫·布雷斯福德爵士，以及后来加入的露西·吉尔斯，她是桑赫斯特皇家军事学院的第一位女校长。

　　成立该委员会的目的非常明确。几十年来，英格兰男子足球队在重大比赛中屡屡失利，最近一次是在 2016 年欧洲锦标赛中输给了冰岛。这引起了人们的"灵魂反思"：为什么一个为足球事业付出那么多、并在全世界范围内激起足球热的国家，却在长达 50 多年的时间里没有夺得过世界杯或者欧洲冠军杯？对此，有人归因于球队有心理障碍，有人认为是教练技术不佳，还有一些人担心是受到英格兰超级联赛的影响。但大多数人相信，原因是英格兰队在罚点球方面有致命缺陷。要知道，该队在 1990 年、1998 年和 2006 年世界杯，以及 1996 年、2004 年和 2012 年欧洲杯，都是因为点球大战失败而被淘汰出局。事实上，在世界杯和欧锦赛上，英格兰队都是输掉点球大战最多的球队。

英国足球界听说这个新组编的咨询委员会之后，产生了严重怀疑。毕竟，委员会中很多人都不是足球专家，前英格兰国脚格雷姆·勒索算是唯一的圈内人。对此《泰晤士报》发文说："英格兰足球总会根本用不着自行车、橄榄球和乒乓球专家来告诉它，为什么一群足球运动员会在大赛上如此倒霉。"在众多评论中，这个措辞已经很温和了。人们的普遍想法是，像兰卡斯特和巴代尔这样的人物，前者一生都在研究橄榄球运动，后者的工作经验主要在科技领域，他们对足球的了解肯定比哈里·雷德克纳普或托尼·普利斯这些著名教练要少，毕竟这两位都担任过多家足球俱乐部的经理。"雷德克纳普远比那些咨询师更懂足球，"一位足球新闻记者说，"这种安排完全不合常理。"

毫无疑问，这些评论都很正确。雷德克纳普遗忘掉的足球知识都比巴代尔知道的要多。普利斯对足球的了解也远远超过巴伯和坎贝尔，更不用说兰卡斯特和吉尔斯了。确实，当我读到这些评论时，也忍不住点头表示同意。这群人怎么可能帮得上索斯盖特的忙？更不用说给格伦和丹·阿什沃思提供咨询建议了。

然而，这样的心理预设反而让身为委员的我感到大开眼界。委员都是不收报酬的，但随着彼此的了解逐步加深，大家开始对参加会议越来越有兴致，因为每场会议都是一次不同寻常的受教育契机。要说最令人兴奋的时刻，就是屋里有人说出一些其他人都没听说过的事情，或者有人分享一些非常独特的经验。换句话说，就是有人从独特角度提出想法的时候。

比如，兰卡斯特根据他在 2015 年橄榄球世界杯上的经验，给重大比赛前的选组事宜提供了一个新的视角；布雷斯福德分享了利用大数据组合来改善饮食和帮助瘦身的方案细节；吉尔斯从她对军队的了解中，提炼出塑造坚毅精神的见地；巴代尔谈到科技初创企业用来推动创新的一系列做法；巴伯借鉴了自己在布莱尔任期内担任首相货递部门第一任负责人的经验，谈到如何把抽象的想法落地。这是一个充满认知多样性的群体，如果时常对这个委员会的成员做一些调整，它一定可以为竞技体育领域持续提供有用的建议，我对此深信不疑。

我自己也常常在想，如果当初英格兰足球总会聘用的是雷德克纳普、普利斯这些更懂足球的人，情况又会如何？当然，委员会的资历背景将更受信赖，会议室里的每个成员大脑里都装满了足球知识和比赛经验，无疑是一种通常意义上的明智选择。

但是，这样做的效果又会如何呢？

雷德克纳普和普利斯的知识结构非常相似，参照框架也高度重叠，并且他们各自通过圈内社交也都基本认同了足球运动的主流观点，包括踢球方式、教练方式等。没错，他们很懂足球，但需要注意的是，在这一领域没什么事情是他们知道而索斯盖特还不知道的，所以这两个人的作用无外乎是镜像翻转出另一套索斯盖特的思考过程，在无意中强化索斯盖特对足球一贯的逻辑。这是典型的同质化，一群聪明的内行人聚在一起，反而很难做出明智的决策。问题不会出在任一个体身上，而是透过整体显现出来。

多元化的团队则会表现出截然不同的特性：无论球员招募还是教练方法，这些足球方面的外行人常常能够一针见血地指出一些本质上的弱点，这过程简直令人着迷。虽然多样化的想法常常遭到排斥，思想的碰撞也十分激烈，但正是这样的机制往往可以催生出更为成熟的解决方案。

但我要强调一下，并不是说这样的团队就是完美的团队。我们的理解也常常出现偏差，有时候讨论的进程一点儿都不顺利。实际上，任何类型的团队都需要不断对运作方式做一些改善，才能得到优化。集体智慧总是处在一个不断提升的过程之中。

上面讲到的这段经历触发了本书的写作。我发现多样性的力量长期遭到低估，这是之前没有意识到的。与此同时，我也越发想要弄清楚为什么多样性有这样的力量，以及应该如何发挥这种力量。经历过多样性带来的发展过程是一回事，知道如何让它在不同行业、不同条件背景下有效运作，以及如何真正使它发挥最大作用，又是另外一回事情。

于是，我开始参加有关多样性这一话题的研讨会，结识了一些相关领域的人士：有人力资源官员、企业首席执行官，甚至是政治领袖。在这些互动交流中，让我印象极其深刻的是，不同的人提到多样性这个术语时想表达的含义也各不相同。有些人谈的是性别多样性，有些人谈的是神经多元性，还有一些人指的是种族多样性。你会发现人们很少给出准确的定义，也没有具体说明为什么拥有某一种多样性很重要。所有的讨论都很模糊。

这就是为什么我会认为，给多样性找出一套科学的理论依据很重要。我希望挖掘出一些理论概念，一方面解释为什么同质化的团队容易失败，而且往往意识不到失败的原因在哪里，另一方面也解释为什么多样性团队可以实现 1+1>2 的效果。这些概念将告诉我们，为什么多样性在学术界的每个分支领域都能发挥作用，并开始主导商业、体育及其他领域中一些尖端机构的战略导向。

知道了大致背景后，现在就让我们为刚才提到的内容注入一些"精确性"。我们将在这一章中探究集体智慧的主要轮廓，它是如何产生的，以及阻碍一个团队实现潜能的主要障碍是什么。最重要的是，我们将了解到为什么多样性团队能够战胜克隆人团队。

II

我们可以用下图来对多样性做一个科学解释。假设图中的矩形代表了有用的想法，也就是所有与特定问题或目标相关的见解、观点、经验和思维方式。我们将这个矩形称为"问题空间"。

如果问题足够简单，那么一个人就有可能掌握全部的信息，这时候就不需要多样性了。但如果面对复杂问题，那就没有一个人可以掌握全部的相关信息，就算是最聪明的人也只能掌握部分的知识。我们把这个聪明人用圆圈标示出来，取名为大卫，如图1所示。他确实知道得很多，但不可能知道一切。

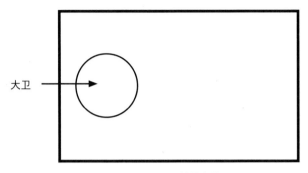

图1　有智慧的个体

现在，我们可以看到同质化的潜在危险了。图2显示出当一群思考方式雷同的人聚集在一起时的情况。他们每个人都很聪明，每个人的知识积累都很丰厚。但他们存在同质化，所知、所感都非常相似，这就是所谓的克隆人团队。显然，这也是中情局的根本问题所在。

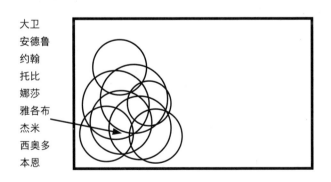

图2　不具备集体智慧的团队（克隆人团队）

试想，如果周围人和你的思维模式极其相近，保持着和你一致的观点，甚至和你怀有同样的对待某事的偏见，这是一种多么令人舒心的状态。这样的状态还会让我们感到自己很聪明，因为自己的世界观在周围人当中得到了验证和认可。有人对大脑进行过相关的扫描研究，结果也证明：当听到其他人表达的相似观点时，大脑里的快乐中心就会得到刺激。可见，同质化就像一股暗藏着的引力，把人群集中拉向问题空间的某个角落。

这样的认知危险可以一直追溯到人类起源时。古希腊哲人早已深谙此理。亚里士多德在《尼各马可伦理学》中写道，人们总是"喜欢和自己相似的人"。柏拉图在《费德鲁斯》中指出"相似招致友谊"。[1]"物以类聚"的说法正是出自柏拉图的代表作《理想国》第一卷的开头几页。认知体系趋同性的危险是希腊文化一直以来在担忧的问题。为什么图 2 值得人们铭记于心，因为它反映出了当今世界一个大范围存在的问题：一群聪明人组成了一个笨集体。

*

20 世纪 80 年代末，英国政府推出了所谓"人头税"，其核心政策是将地方税收由基于财产课征改为按人头征收。这项制度一直饱受诟病，可以说天生存在缺陷，本就不应该施行，因为它让收税变成了"不可能完成的任务"，不具备现实可行性。更何况，让普通和低档住宅的住户承担与其生活水平不相称的税负，这本身就代表着一种制度的倒退。

这项政策颁布后，大多数家庭要多付至少 500 英镑*的税金，在 1989 年，

---

* 编者注：1 英镑约合人民币 8.72 元。

这笔钱占据了家庭总收入中相当大的一部分，有些家庭的税负甚至陡增1500多英镑。可是，也有很少一批人的年度税负甚至可以减少1万英镑。这种不平等招致了连锁反应，市民纷纷抗议，从而进一步增加了收税的难度。可以说，收不到税款的结局从这项制度产生最初就已注定，随着制度的实施，灾难性结果慢慢清晰可见。正如一位消息人士所说："征税艰难，一些市政当局的财政情况迅速崩溃。"

和平示威者走上街头大喊："付不起，不会付！"一些队伍由于混入了激进分子，开始发生骚乱。在伦敦，多达25万人上街游行，随之也发生了打砸橱窗、焚烧汽车和抢劫沿街商店的事件。游行导致339人被捕，100多人受伤。在群情激愤的头几天里，人们都担心暴力事件还会进一步蔓延。

两位研究英国政治的专家安东尼·金和艾弗·克鲁写道：

> 20多年过去了，这一幕仍然让人惊叹。关于人头税的每一个可怕预言，都或早或晚得到了应验。"肇事者"睁着眼一头栽进深坑，毫无防范。他们跌跌撞撞地往前走，无视任何警告。最终，等待他们的是惨败的结局。[2]

根据两位专家的说法，人头税的崩溃是更深层次的政府机关人员结构问题的缩影，这个问题贯穿了战后英国的整个政治史。他们认为，尽管各党派政府犯下的那些大错误从表面上看情况各有不同，但"很大程度上"都可以归因于一个根本性问题：缺乏人员多样性，特别是政治精英阶层缺乏多样性。

以人头税问题为例。落实该政策的环境局秘书尼古拉斯·雷德利从小在诺森伯兰郡的豪宅长大，父亲是一位子爵，母亲是著名建筑师的女儿。在受教育方面，雷德利先后毕业于伊顿公学和牛津大学。人头税实施期间的其他几位环境局秘书还包括帕特里克·詹金（就读于老牌名校克利夫顿学院和剑桥大学）和肯尼斯·贝克（就读于全英国最好的男校圣保罗学校和牛津大学）等人。你会发现，这些人都是先读了一所私立学校，然后去了牛津或者剑桥。

评审组由威廉·沃尔德格拉夫领衔，他的父亲是一位伯爵，母亲出身于皇家商人家族。他在查顿庄园长大，这是萨默塞特郡最大的豪宅之一。沃尔德格拉夫在回忆录《不一样的天气》中以令人钦佩的诚恳，如实承认他的生活与普通大众脱节严重："我从来没和一个邻居孩子玩过。我们所说的邻居，一般指的是几英里*外阿默尔敦的乔里非一家、梅尔斯的阿奎兹家、乌节路的达克沃思家，或者是在威尔士大教堂的主教先生。"

度假时，沃尔德格拉夫一家常常会和来自同一阶层的朋友们到湖边的旅游胜地，听一位著名钢琴家在客厅里为他们演奏，或者去瑞士的尚佩里乘坐马拉的雪橇游玩。年幼的沃尔德格拉夫有专门的厨师和家庭教师。他和哥哥常常在庄园里打野鸡玩。有一次，一名黑人男子突然出现在庄园附近，他的母亲马上认定那是一个恐怖分子，于是拿起剪草机来和他对峙。后来她才看到，是小威廉骑自行车不小心摔倒了，"恐怖分子"正要过来扶他。

沃尔德格拉夫的身份背景跟绝大多数普通人都很不一样，但和评审组的其他成员却高度相似。当然，并不是所有评审组成员都像沃尔德格拉夫一样有着

---

* 编者注：1 英里约等于 1609.3440 米。

如此显赫的出身，但他们的确都来自极为富裕的家庭。

安东尼·金和艾弗·克鲁指出："没有任何一个评审组成员可以代表英国社会的其他阶层。"这些人都挤在"问题空间"的同一个角落里，而且圆圈高度重合。他们都很聪明，但过于同质化。他们不是基因意义上的克隆人，而是在人口分布意义上高度趋同。对于做政治决策而言，尤其需要从政者在经验背景方面具备多样性，像人头税政策评审组这样的情况无疑会招致灾难。

具有讽刺意味的是，评审组成员倒是非常喜欢在一起工作，他们很享受这段经历。两位专家引用评审组成员的内部说法，称这是一个"具有非凡团队精神"的小组。主要原因在于，这组人在工作当中不断互相认同、互相证实、互为代表。他们表达一致的想法，说同样的话，真正沐浴在了同质化的温暖光辉下。内部沟通的高度和谐，让他们误以为通过集体智慧找出了公认的高明政策。事实却恰恰相反，他们一直在互相强化各自的感知盲点。

因此他们聚在一起时就根本听不到警钟，而对于任何熟悉多样性科学的人来说，这个警钟声可谓震耳欲聋。这也就不难理解，为什么一组克隆人团队预见不到收税过程中的种种现实困难、执行层面会遇到的问题，以及普通家庭承受不起税负压力的事实。同样也不难理解，为什么他们会意识不到这将给当地政府以及整个社会结构造成巨大的压力。

对于老年群体来说，这一新政带来的结果更是毁灭性的。比如，一对住在伦敦市中心靠养老金生活的夫妇，会发现自己要将22%的净收入用于交税，而住在郊区、经济状况更好一些的夫妇却只要缴纳收入的1%。在谈到一些穷困的老年夫妇的确交不出税款的悲惨境遇时，尼古拉斯·雷德利还是认识不到问题出在哪里，竟然说："嗯，但他们总还可以卖掉家里一两幅画的，不是吗？"

尼古拉斯·雷德利的前任帕特里克·詹金在 20 世纪 70 年代能源危机爆发时，也曾发表过类似的言论。在一次电视采访中，他鼓励公众可以通过"不开灯刷牙"的方式来节约用电。但后来，詹金本人被发现用的是电动牙刷，并且他位于伦敦北部的家里还被拍到每个房间都开着灯。

根据安东尼·金和艾弗·克鲁的说法，人头税的问题不能怪罪于任何政客或者政府官员。他们当中很多人都是忠诚的政府职员，未来还会有更好的工作前景。他们也是很善于思考的一群人，心理学家大卫·巴特勒爵士引用一位内部人士的话说，这次税制改革是"有史以来最聪明的一群人聚集在一起"思考地方政府改革的问题。安东尼·金和艾弗·克鲁还指出：富裕阶层的身份不应成为步入仕途的阻碍。很多出身富裕的人 —— 无论通过继承还是其他方式致富，都曾为公共利益做出过很大贡献。

但这番话恰恰切中了问题本质：当一群单一背景的聪明人组成决策小组时，他们很有可能发生集体性失明。就像安东尼·金和艾弗·克鲁所说："每个人都会把自己的生活方式、喜好和态度投射到别人身上，只不过有些人是经常如此，有些人是偶尔为之。"那些政府官员同样如此，他们将自己的价值观、态度和生活方式，不假思索地投射到与他们截然不同的普通民众身上。[*3]

---

* 为什么内阁不在人头税问题上投反对票？根据安东尼·金和艾弗·克鲁的说法，是因为当时的制衡机制失效了："这项政策是在本就与外部隔绝的白厅里，以几乎全封闭的形式讨论和诞生的。"最终，该项法案在只有半数内阁成员出席、少数成员已事先知道议题、没有纸质文件面呈的情况下，在内阁草率通过。

当然，这不仅仅是保守党存在的问题，安东尼·金和艾弗·克鲁还援引了工党政府的不少例子。其中一个典型例子是：2000 年 7 月，时任首相的托尼·布莱尔在一次演讲中呼吁处理反社会行为时应赋予警察更大的权力。他说："如果暴徒踢开别人家大门，在街道上乱扔路障，或者在夜里大声骂人之后会被警察抓到提款机前，当场罚掉 100 英镑，那么他就会学着三思而后行了。"这段发言迅速激起社会反响，其中有一小部分人发现了一个不太容易被察觉的问题而认为这项政策本身就存在缺陷。为什么？因为大部分所谓的"暴徒"根本就不会有正常的借记卡，账户上也不可能存有 100 英镑的钱。正如安东尼·金和艾弗·克鲁所说："首相默认其他人的生活都和他自己的没什么两样，但这种假设本身就站不住脚。"

III

同质化的情况非常普遍。

比如，社交网络上充斥着具有相似经历、观点及信仰的人，即使一开始还有比较明显的个体差异，但随着人们在潜移默化中对一些大众观点趋于认同 —— 也就是形成一种"同化"现象，群体里的个体差异也就被逐渐磨平了。作家谢恩·斯诺分享了一位大型银行高管的评论，很能说明问题：

她摇着头感慨地说，公司雇用了那么多优秀的毕业生，他们的背景各不相同，脑袋里装满各式各样的想法，最后却被逐渐重塑成"契合"公司文化的模板式员工，目睹这一过程真的很令人痛苦。这些人来的时候都带着自己独特的见地和声音，但渐渐地，那些声音都消失了，剩下的只有公司认可的思维方式在不断回响。[4]

这样看来，人群聚拢在"问题空间"的一角是一个可预见的结果，这符合人类心理的状态。群体会天生产生一种趋于同质化的倾向。从这个意义上来说，中情局和税务政策研究组的情况并非特例，而是普遍"症状"的反映。现实的确如此，看看各种组织的领导层，甚至是一些科技公司的高管，就能窥见一二。我说这些群体存在同质化的问题，并不是在批评任何一个个体，而是希望指出，当一群聪明人的参照体系发生重叠时，就会产生集体失明的情况。

聪明的群体则会表现出截然不同的动态机制。成员相似度很低，观点想法也大相径庭，这样的团队更像是一群叛军。当然，他们不是存心怀有异议，而是本着解决问题的精神，从问题空间的不同区域注入自己的独特见地。在这样的群体中，人们的不同观点会相互碰撞、延展、分化、栽植衍生。这就是集体智慧的标志：让总体超过个体的简单相加。

请看下页的图 3，与本章开头图 2 所示的团队相比，下图中的团队拥有更高的集体智慧。也许他们中的每个个体都不如图 2 所示的那些人聪明，但他们在问题空间的覆盖面要更为广泛。这张图告诉我们，为什么在遇到复杂问题时，与思维方式不同的人合作是非常重要的。

因此，对于任何一个志在解决疑难问题的团队来说，第一步要做的一定不

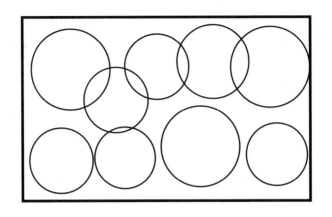

图 3　具备集体智慧的团队（多样性团队）

是更多地了解问题本身，也不是深入探索问题的各个切面，而是应该后退一步，问一问自己：集体智慧的短板在哪里？我们会不会陷入某些概念的盲区？同质化的问题有没有把整个团队拖向问题空间的某一个角落？

　　在这些更深层次的问题得到解答之前，组织很可能在进行集体讨论时陷入一个常见的陷阱：讨论十分热烈，对问题本身也挖得很深，但实际上所有的努力不过是在强化集体的感知盲点。所以说，在着手解决问题之前，我们首先需要确保团队具备认知多样性。只有这样，团队的讨论才能带来启迪，而不只是同质思维的"互照镜子"。

＊

　　卡尔斯科加是瑞典北部一个美丽的小镇，坐落在莫克尔恩湖的北边。这里到处是林地和精美的建筑。我十几岁住在瑞典的时候，常常去那里游玩，这个地方很令我着迷。

任何在瑞典待过的人都知道，当地政府最重要的工作之一就是组织清扫积雪。平均来看，首都斯德哥尔摩的一年中约有 170 天下大雪，降雪多集中在秋冬两季。记得有很多个清晨，我都在帮室友铲除道路积雪。

几十年来，卡尔斯科加镇的扫雪行动一直遵循着某种合乎逻辑的做法：从主要的交通干线开始，最后才是自行车道和人行道。小镇议会的官员们（大多为男性）致力于让每天的上下班通勤尽可能不受干扰，为维护自己选民的利益操了不少心。

但是有一次，议会有了一个不同于往常的看待问题的视角，实现了认知层面的重大提升。

通常来说，制定一项政策会影响到许许多多的人，所以任何一个议会的人员结构分布必须足够广，才能为会议讨论带来有效的信息输入。作家卡罗琳·克里亚多·佩雷斯在她的一本著作《看不见的女人》中强调，只有当决策性岗位越来越多地融入女性，集体智慧才会开始获得重大飞跃。

一项新的分析结果显示，男女的出行习惯从平均来看是完全不同的。小镇议会的官员们此前都没注意过这个差别：男性通常开车上班，而女性则更倾向于乘坐公共交通工具或步行。例如，在法国，66% 的公共交通乘客是女性，而在费城和芝加哥，这一比例分别为 64% 和 62%。

男性和女性的出行路线也有很大差异。通常，男性每天只在工作地点和自己家之间往返一次，而承担了全世界 75% 的无偿家务劳动的女性"往往上班前需要先把孩子送到学校，下班回家还要带家里的老人去看医生，然后帮家里购置一些杂货"，她们的出行模式犹如一条"行程链"。这样的差异在整个欧洲普遍存在，有幼儿的家庭尤为明显。

随着新视角的打开，之前被忽视的其他统计数据也渐渐进入人们的视野。需要注意的是，一个明智的判断不仅仅取决于如何解读数据，还在于是否第一时间想到去搜集这些数据。根据瑞典北部地区的统计数据，雪天因伤入院的人主要都是步行者，他们因地滑或结冰导致摔伤的几率是驾车人士的 3 倍，而这又会导致医疗成本的上升以及劳动力损失。据估算，在一个冬天的时间里，仅瑞士西南部的斯康纳省就因此引发 3600 万克朗[*]的损失，这大约是冬季公路养护费用的两倍。

认清问题的本质后，卡尔斯科加镇决定推翻几十年来的旧有政策，改为优先处理步行者及公共交通使用者的出行难问题，理由便是"开车穿过三英寸厚的积雪要比推着童车、轮椅或自行车容易得多"。这项政改不仅给女性带来了便利，对于社区及城镇的整体财政状况也大有裨益。佩雷斯写道："在积雪清理工作中优先考虑行人的做法，有利于财政健康。"

此处或许有必要提一下，市政人员最初确定除雪方案时并非有意忽略女性的利益，也非存心将司机的利益置于推童车的行人之上。初衷一定不是这样的，问题就是出在认知盲区。正如佩雷斯所说："这都要归结于认知上的偏差。最初确立计划的议员都是男性，他们知道自己的出行习惯，于是根据自己的需要进行设计。他们不是有意将女性的利益排除在外，而是根本没有意识到她们的困难。"

---

* 编者注：1 克朗约合人民币 0.78 元。

IV

或许，最能鲜明体现出多样性团队与克隆人团队区别的领域就是预测科学。这可能听起来有点过于学术，但实际上预测科学已经融入了我们的日常生活。任何时候，一个组织决定做某件事而不做另一件事，都是因为进行过科学预测，知道哪种选择对组织更有好处。无论在工作还是在生活中，预测对于我们所做的几乎每一个决策都起到了关键性作用。

近来，关于预测学最杰出的一项研究大概就出自杜克大学心理学家杰克·斯洛领衔的研究团队。他和他的同事们分析了28000个专业经济学家所做过的预测，第一项研究结果表明，经济学家的预测表现并不一致，预测最准的经济学家，其准确率要比平均水平高出5%。

但后来研究团队又做了调整，不再考察单个人的预测结果，而是取了排名前六位的经济学家的平均成绩。换句话说，就是把这批预测者组了一个团队，而他们的平均预测结果也可以叫作集体判断。随后，杰克·斯洛将他们的平均成绩与某位一流经济学家做对比，看看是否会更好一些。

在简单的预测任务中，这个答案是否定的。很显然，比如说跑步比赛，6名选手的平均速度肯定比不上第一名。这也是第一章提到的斯卡利亚大法官在权衡多样性和卓越性时所考量的事情。但是当把简单问题切换成复杂问题时，分析结果就出现了逆转：6位经济学家的集体判断比那位一流经济学家要准确得多，准确率高出15%。这个差异如此之大，让研究人员也感到震惊。

这听起来有点不可思议，但和我之前讲到的内容非常吻合。还记得第一章里日本人和美国人看水下场景的那个实验吗？他们似乎看到了很不一样的东西，为什么会这样？因为总体而言，美国人和日本人有着很不相同的参照体系。这也是为什么如果将这些不同的视角融合在一起，会形成一个更全面的画面。

经济学家也有不同的参照体系，有时候被称为不同的模型。模型是用于理解世界的一种方式：它是一种视角，一种观点，通常可以表示为一组方程式。然而，没有一个经济模型是完美无缺的，每个模型都包含感知盲点。经济预测是很复杂的，这不像木星的轨道，你可以准确测量出来。工业生产率取决于成千上万个经营着工厂、公司的商人们所做的决定，还受到数百万个变量的影响。所以，没有一个模型可以圆满解释所有复杂性，也没有一位经济学家是无所不知的。

但这意味着，如果我们把不同的模型放在一起，就能构建出一幅更加完整的画面。没有一个经济学家知道全部真相，但一群经济学家就能在很大程度上接近真相。就预测任务而言，这个状况常被称为"集体智慧"的结果。能够反映集体智慧的实际案例不胜枚举，比如，有位研究人员曾让他的学生在纸条上写下他们对伦敦地铁长度的估计，集体预测的结果为249英里，实际长度为250英里。当信息被分散在不同头脑中时，群体智慧就会显露出来。想想那些猜测伦敦地铁长度的学生：有人可能去过伦敦，有人可能熟悉纽约的地铁，等等。在做出估测时，人们会把各自掌握的任何信息转换成一个数字，所以每一个猜测都会增加信息池的有效数据量。

当然，每个人也会同时带来各自的错误观点、理解误区以及感知盲点，由此产生的谬误池和有用的信息池一样庞大。但是，所有正确的信息都会指向同一个方向，而错误的信息由于来源的不同，会指向各个不同的方向，于是过高估值和过低估值会相互抵消。就像美国学者菲利普·泰特洛克所说："随着有效信息的逐渐累加和谬误之间的相互抵消，最终得出的结果将会惊人地准确。"可以说，每个人的猜测都包含两个部分：正确信息和谬误。去掉那些谬误的部分，剩下的就是正确信息。[5]

当然，如果团队成员对于所涉主题知之甚少，那么将他们的推断结合在一起也起不到多大作用。比如，你请一群门外汉来估算未来十年海平面会上升多少，那必定很难获得你想要的答案。所以要想让群体智慧发挥作用，就需要一批比较"懂"的人。但同时，你也需要不同种类的人，否则他们会出现相同的感知盲点。

理解了这一点，现在让我们来做一个思维实验。假设你找到了世界上跑得最快的一个人，名叫乌塞恩·博尔特。接下来，假设你可以克隆这个人并用6个克隆人组建一支接力赛跑队。显然，你的乌塞恩·博尔特克隆人队必将击溃所有对手（假设接力棒的传接正常），因为你队伍里的每一个人都比其他队的人跑得快。

这体现了本书开头提到的观点：当涉及简单任务时，人员多样性是一个无关议题，你只要雇到聪明、速度快且知识渊博的人即可。然而，当涉及复杂问题时，情况就大不一样了，或者说迥然不同。让我们回到经济预测：假设你能找出并克隆出世界上最顶尖的一位经济预测专家，而你的任务是组建一支6人团队做经济预测，你觉得把这6个克隆人组成一支队伍是否合理？从表面上看，这支队伍理应所向披靡，因为每个成员都比其他团队的人更厉害。这难道不是我们想要的梦之队吗？

现在我们知道，答案绝对是否定的！因为他们的思考方式、使用的模型和犯的错误都将完全一致。也就是说，他们的参照系存在重叠。前述的实验也已证明，由6名经济学家组成的多元团队，尽管并非人人都是顶尖选手，但预测准确率却比所谓的"梦之队"高出15%。我们看到，一组思维同质化的世界级经济学家，他们的预测表现并不比一组思维多元的团队更有优势。

当然，大多数人在工作或生活中不会围坐在桌子旁，去做经济学家常做的那种数量预测。但我们的确都需要解决问题、提出创造性想法、确立战略、发现机会，等等。这些都是团队工作的要务，而未来大部分的工作都需要团队完成。不难预见，多样性对这些任务的影响将会更加深远。

再举一个例子，假设你召集了10个人出主意解决肥胖问题，而这10个人也正好每人想出了10个有用的建议。那么你总共收集了多少条有用的建议？

事实上，这个问题并不好回答。你不能仅仅基于小组有多少成员，就推断自己可以收集多少建议。当然，如果小组成员具有克隆人特征，那么你的确只能收到10个有用的想法。但如果这10个人是多元化的，有着各式各样的想法，那么你就可能收集到100个有用的想法。由此带来的创意增幅不是50%或100%，而是1000%。这也是唯有多元性可以带来的巨大效应。

在致力于解决问题的团队中，我们会看到同样的模式。我们注意到在经济预测的任务中，有一个高效的方式是取各个独立数值的平均数。但是要解决问题，取平均值肯定不是好主意。因为如果你在两个方案之间折中，它们的逻辑连贯性就很难保证。对于大多数问题，团队都必须在方案中做出取舍。

但这再次揭示了多元化的重要性。在同质团队中，人们往往被困在思维的一隅，但多元化的团队就会提出新的见解，走出思维困局，有效地激发集体的想象力。正如著名心理学家查兰·奈米斯所说："非主流观点很重要，不是因为它们能够胜出，而是因为它们激发出了不同的关注点和想法。最终，即使是错误的，它们也帮助找到了创新型的解决方案，而这些方案从总体而言质量更高。"[6]

多样性的威力微妙难言，甚至这些案例也不足以体现。同质化造成的最深层的问题并非在于这些克隆人团队理解不了数据、答错问题，或者无法充分利用机会。这些都不是问题所在。真正的问题在于他们根本问不出应该问的问题，根本想不到应该寻找哪些数据，也根本意识不到存在着哪些机会。

越具挑战性的领域，个人或单一视角就越不可能发挥作用。在经济预测小组，同质化思维的人会犯同样的错误；在问题解决小组，他们会被局限在思维的一隅；在战略小组，他们则会多次错失同样类型的机会。

当斯卡利亚大法官说团队的表现与多样性之间必须有所取舍时，他其实犯了一个很具误导性的观念错误。很多人也有类似的观念，所以当他们听说6名经济专家的平均预测水平超过一名顶尖经济学家时，都表现得很惊讶。人们很容易认为一群聪明人肯定能组成一支聪明的团队。实际上，斯卡利亚的思考出发点是基于个体而非总体视角，他没有意识到集体智慧不仅来自每一个体的知识输入，也来自成员之间的差异互补。我们将上述想法称为"克隆人谬误"。

不幸的是，这种谬误还很普遍。我在为这本书做调研的时候，与一位著名经济学家有过一次对话，让我印象极深。我当时问他，是否更希望和思维方式不同，或者说有不同见地的人一起合作。他回答说："如果我打心底里认为我的模型是业界最好的，那么我只想和想法一致的人合作。"这套逻辑有强大的说服力，但这是彻头彻尾的谬误。

V

大多数组织在招募人才的时候，都会公开表示将唯才是举。也就是基于人的能力和潜力，而非社会关系、种族或性别等带有人为判断的因素执行招聘。这个做法看起来既符合道德标准，也符合组织利益。但实际上，企业只考虑专业才能而完全不顾其他因素，这背后也隐藏了一定风险。

让我们假设一个场景：某些大学的软件开发专业很有名，于是吸引了最优秀的学生，之后这些学生也会以优异的成绩毕业。现在，如果你正在经营一家顶级软件公司，你难道不想招募这些学生？你不想让你的企业拥有行业内最棒、最优秀的人才？

明智的回答应该是"不"。因为这些毕业生在学校里师从同样的教授，学到的见解、想法、启发方式和应用模型都很相似，或许世界观也趋于一致。这有时被称为"知识集群"。以所谓"唯才是举"的思维招募毕业生，企业会被不自觉地推向克隆人团队的道路。这倒不是说唯才是举存在弊端，而是集体智慧的建立不仅需要个人能力，还需要团队的多样性。

事实上，你无法单独依靠任何一种测试个人能力的工具来组建起一支聪明的团队。对此，密歇根大学的研究者斯科特·佩奇提出了一个观点："假设你现在要组建一个团队来提出创造性的想法。首先你要知道，任何用于测试个人能力的工具都只能测试个人而非团队；其次，无论我们使用什么测试工具，克隆一个最高分者对于团队的帮助势必有限，相反，增加一名持有不同想法的人效果要好很多。所以，其实不需要任何测试。"[7]

现在让我们回到认知多样性（想法、见解、视角的差异）和人口多样性（种族、性别、阶级等的差异）之间的区别。我们在第一章中已经提到，人口多样性常与认知多样性发生交叠。这很好理解，因为人们的身份特征势必会影响经历和看待问题的视角，等等。比如，广告公司就常常基于人口的多样性分布来打造宣传活动，试图吸引尽可能广泛的客户群体。但在某些情况下，这种交叠的状况就不太明显，甚至根本没有交叠。

曾有研究发现：在法律服务、卫生服务和金融领域，种族多样性仅仅增加一个标准差，生产率就可提升 25% 以上；但对于生产飞机部件、机械设备一类的公司，增加种族多样性无法带来效率的提升。可见，在任何需要了解广泛人群的领域，人口多样性都是至关重要的；然而，给设计发动机部件之类的工作注入新的想法，这与工作人员是美裔、亚裔还是非裔并没有什么关系。

我们可以用经济预测的例子，从另一个角度来解释这一点。比如有两位经济专家：一位是白人、中年男性，另一位是黑人、青年女性。从人口统计的角度，他们的差异非常之大。假设他们上的是同一所大学，师从同一位教授，学习的是相似的经济模型。在这样的情况下，他们处理经济预测的问题时，就和克隆人没什么不同。

现在以两位白人、中年经济学家为例，他们都戴着眼镜，有着同样多的孩子，喜欢看同样的电视节目。从人口角度来看，他们似乎是完全同质化的。但假设其中一位推崇货币主义，而另一位是凯恩斯主义者，这就意味着他们理解经济的方式完全不同，遵循完全不同的经济模型。如果给予一定时间，他们合作预测某件事情的结果一定会比单独预测准确得多。这两位经济学家看起来并无二致，但他们对问题的看法截然不同。

这一点必须引起注意：基于肤色或性别的不同来进行招聘，并不能保证认知多样性的提升。再试想一下，有些人可能一开始是不同的，但久而久之就被组织的共识所同化。这会导致一个问题：即整个团队看起来很多元，但认知上没有多大区别。他们在组织里待了太久，以至于他们的观点、见地和思维模式都趋于一致了。

成功的团队是多元化的，但这种多元性并非任意打造的。比如组建一支设计强子对撞机的科学家团队，你就不可能招入一名滑板手，不管他是什么肤色或性别。或者想一下，如果本章开头提到的委员会成员们不是被找来为英格兰足球队提建议，而是参与研究 DNA 测序，会发生什么？这支团队显然拥有多样化的信息来源，但几乎触及不到问题空间的边缘。

所以，只有当多样性与目标问题相关时，它才能帮助集体智慧的形成。关键是要找到既有密切相关性、又能带来协同作用的人。

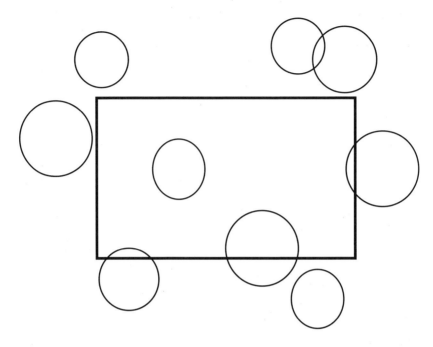

图 4　一支多元化但不具备集体智慧的团队（与目标问题无关联的团队）

对于经济预测工作，集体智慧来自能使用不同预测模型且有能力做出准确预测的经济专家。对于情报机构而言，集体智慧产生于能力杰出、拥有丰富多样经历的分析师，如此才能更好地解读不同来源的威胁。对于其他背景下的工作团队如何产生集体智慧，在本书的后面还会介绍更多案例。

有一点或许最值得注意：那就是多样性必须广泛且较大程度存在，而不是被当作一个附加品，更不是一种装饰。多样性是集体智慧的基本组成部分。你也可以从更宏观的视角看待多样性的力量。多样性可以解释为什么定价体系可以有效运作，为什么开源创新平台和维基百科可以获得广泛成功。这是因为它们都有着一套共通的底层逻辑：广泛汇聚不同头脑中的不同信息。

多样性已经成为了人工智能的核心。几十年前，机器学习还是基于单一算法；如今，机器学习的很大一个特征就是汇总多元预测结果。斯科特·佩奇在创建计算机解决问题的模型时也发现了这一态势，他说："我偶然发掘到了一个反常现象——多元化的团队……他们的表现持续优于顶尖人群的组合。"[8]

VI

在很多领域，使用焦点小组是一种颇受好评的问题解决法。很多人称赞这一方法"既能创造多样性，又不会稀释精英内部能够友好共存的同质性"。焦点小组的基本做法是把一组具有代表性的人集中在一个房间，对他们提问，找出他们喜欢什么和不喜欢什么，记录下他们的异议和提出的实际问题，最后相应地对政策进行调整。广告商也常常通过"市场调研"达到同样目的，他们在不同的受众身上测试各种想法，观察哪些有效、哪些无效。

但要明白，这一做法虽然很符合多样性的逻辑，但仍然没有踩到点上。为什么？因为用好多样性并不仅仅意味着从焦点小组或市场调研中得到答案，更重要的是在一开始提出什么样的问题，用什么样的数据作为探讨和思考的依据，以及贯穿所有问题从出现到解决过程中的各种假设条件。

这不仅适用于政治领域，即使是最讲究客观性的科学领域也同样适用。一项关于体育科学的调研发现，27%的相关研究仅仅针对男性展开，只有4%的研究针对女性。[9]所以，绝大多数体育科学家都是男性，这一点也不意外。这也从一个很小的侧面反映出，科学家在开始回答问题之前，其思考过程中就已经植入了偏颇性，在课题展开之前，数据也存在扭曲。这还显示出，尽管人口多样性和认知多样性不是一个概念，但它们的确存在交叠。

再举个例子，灵长类动物学界也存在着同样的现象。在珍·古道尔这位享誉世界的女性动物学家崭露头角之前，该领域也一直以男性研究者居多。这些男性学者大多采纳达尔文的进化观，重点关注雄性之间争夺雌性动物的竞争。这套参照框架默认，雌性灵长类动物在两性关系中处于被动，且阿尔法雄性动物*可以接触到所有雌性动物，或者换个角度，雌性动物一般只选择最强壮的雄性动物。但这个参照系本身就有比较严重的盲点。直到一大批女性科学家进入灵长类动物学领域后，人们才开始意识到，雌性灵长类动物其实很主动，甚至可能与多个雄性动物发生关系。这一发现为灵长类动物行为理论带来了一个更加丰富、更加解释得通的视角。

那么，为什么女科学家可以看到男性科学家错过的东西？人类学家莎拉·布雷弗·赫迪在《从未进化的女人》一书中写道："比如说，当一只雌性狐猴或倭黑猩猩支配了一只雄性，或者一只雌性叶猴离开自己的群体去勾引陌生雄性时，女研究人员会带着强烈的好奇心去跟踪和观察，而不会简单将其当

---

* 编者注：阿尔法雄性动物（Alpha Males）是指在一个生物族群中占据最高地位的领头雄性，通常对族群中的食物及交配有优先支配权。

作一次意外。"

我们在前面的章节里看到，与美国人相比，日本人在观察外界时更关注环境背景，而较少关注具体事物。值得注意的是，灵长类动物学的研究进展正是得益于这一效应。正如学者道格拉斯·梅丁、卡罗尔·D.李和梅根·邦在《科学美国人》杂志发表的一篇重要文章里所说：

20 世纪 30 年代和 40 年代，美国灵长类动物学家……主要关注动物界的雄性主导地位以及与之相关的交配途径，且多年间，很少有人针对个别动物或群体进行过追踪观察。不同的是，日本研究者更关注于动物的地位层级和社会关系，这些价值观在日本社会也更受到重视。这种研究取向方面的差异也带来了截然不同的结果。日本灵长类动物学家发现，雄性等级只是决定社会关系和群体构成的一个因素，实际上雌性也有一个等级秩序，且一个群体的核心成员是由相关雌性的后代而非雄性的后代构成。

这让我们回忆起了上一章中提到的约翰·克莱斯的警告："每个人都有自己的一套理论体系。那些看不到自己理论体系的人，处境就危险了。"我们现在可以看到，这句话在包括科学界在内的所有领域都普遍适用。著名哲学家卡尔·波普*在《猜想与反驳》一书中也提到了上述观点，且他的讲法和措辞深得

---

*　编者注：卡尔·波普（1902—1994），当代西方最有影响的哲学家之一，研究范围甚广，涉及科学方法论、科学哲学、社会哲学、逻辑学等。他 1934 年完成的《科学发现的逻辑》一书标志着西方科学哲学最重要的学派 —— 批判理性主义的形成。

我心，对于科学家乃至所有普通人都是震撼人心的启迪：

　　25 年前，为了让维也纳的一些物理学学生领会这个观点，我用这样的指示开始了一堂课。"拿出笔和纸，仔细观察，然后写下你观察到的东西！"学生肯定会问，我打算让他们观察什么。显然，仅仅"观察"两个字的指示是非常荒谬的……观察总是带有选择性的。它需要一个选定的对象、一个明确的任务、一项爱好、一个观点和一个问题……而对于科学家而言，（观点）来自他本人的理论研究兴趣、正在研究的特殊问题、他的猜想和预期，以及他所采纳的作为框架背景的理论基础 —— 他的参照框架、他的"预期广度"。

VII

1942 年 1 月 13 日的《每日电讯报》上刊登了一则纵横填字游戏。

　　当时，该报的读者常常抱怨日更的填字游戏太过简单，甚至有人自称几分钟内就能完成。于是，时任《每日电讯报》编辑的阿瑟·沃森就举办了一场竞赛，邀请所有自信满满的人来挑战。1 月 12 日，30 多人来到位于舰队街的新闻编辑室，在规定的条件下参加填字竞赛。这则纵横填字游戏随后会在第二天刊登出来。

　　斯坦利·赛吉威克是当天下午的参赛者之一，他是会计师事务所的一名职员。在每天上班的路上，他把自己培养成了一名填字游戏高手。"我很擅长做《每日电讯报》上的填字游戏，"他说，"我想着去会会其他几位游戏高手。我们当时每人单独一个桌子，前面是监考台，监考人包括报社编辑和计时员。"[10]

那场比赛中，4名选手按时交了答卷，赛吉威克虽然差了一个单词没做完，但是他做题时的巧劲儿和横向思维的能力都给监考人留下了深刻印象。之后，《每日电讯报》热情款待了所有参赛者。"我们在社长的客厅里喝茶，然后带着星期六下午的美好回忆离开了那里。"赛吉威克回忆说。

好几个星期后的一天，赛吉威克突然收到一封信，信封上写着"机密"二字。当时全世界都在打仗，希特勒在头一年发起了入侵俄罗斯的巴巴罗萨行动，而英国则处在岌岌可危的状态。赛吉威克拿起信时十分好奇，在这样一个充满历史戏剧性的时代，这封"机密"信件里会讲什么呢？

"想象一下我当时有多惊讶，"他说，"信上说由于我参加过《每日电讯报》的纵横填字游戏，现邀请我会见总参谋部的尼科尔斯上校。上校先生'非常希望在一项重大国事问题上听取意见'。"[11]

*

布莱奇利公园是位于伦敦西北50英里的白金汉郡乡村的一处庄园，那里曾是二战时期的密码破译中心（别名 X 站），有一个团队专门从事国家绝密任务。"哑谜机"是当时纳粹德国所有武装部队都使用的一种信息加密工具，它体型很小，和装在木箱里的打字机没什么两样。它用一种电子机械装置将26个字母打乱，操作员会在键盘上输入文本，然后由另一名操作员记录下每次按键键盘上方的26个灯中哪个灯亮起。很多德军高级指挥官都认为它是不可破解的。

这个工作小组是被英国秘密情报局招募到当地的，主要负责破解密码机。根据迈克尔·史密斯在其著作《X站的秘密》中的描述，布莱奇利公园的这座建筑是"混合了伪都铎风和哥特风的丑陋结合体，用红砖建造，建筑的一边是一个巨大的铜穹顶，因长期暴露在自然环境中而绿锈斑斑"。秘密行动的大部分工作都在临时搭建的木屋里进行。

尽管这些小屋非常简陋，但它们在二战期间的很多次重要行动中都发挥了关键作用。布莱奇利公园小组破解了"哑谜机"，为推动二战的落幕提供了至为宝贵的信息来源。有人说，正是这些情报将战争进程缩短了整整3年，还有人说，它们彻底改变了战争的结果。温斯顿·丘吉尔还把布莱奇利公园称为"下了金蛋的鹅"。

现在，如果让你招募一支密码破译小组，我猜你一定想招世界顶级数学家吧？这正是小个子苏格兰人阿利斯泰尔·丹尼斯顿一开始的想法，他当时负责领导整个布莱奇利公园行动。1939年时，他雇用了当时剑桥大学国王学院27岁的艾伦·图灵（后来被公认为20世纪最伟大的数学家之一）和来自牛津大学布拉斯诺学院23岁的彼得·特温。随后，他还打算招入更多的数学家和逻辑学专家。

然而丹尼斯顿后来产生了一个不同的想法。他意识到，要解决一个复杂的多维问题，必须要增加团队的认知多样性。他需要一支多样性团队，而不是一支克隆人团队。就算世界上存在这么一支全由艾伦·图灵组成的克隆人团队，也无法达到目标。所以他考虑要把网撒得更宽，甚至覆盖到一些普通人觉得太不可思议或者不甚理想的人群。换句话说，丹尼斯顿意识到他需要一支能覆盖整个问题空间的团队。[12]

正如迈克尔·史密斯在《X 站的秘密》中所记录的那样，丹尼斯顿招募的"新兵"中还包括：文艺复兴研究学者伦纳德·福斯特、比较语言学教授诺曼·布鲁克·乔普森、历史学家休·拉斯特和法律哲学家 A.H. 坎贝尔；此外，他还聘请了牛津大学教授 J.R.R. 托尔金。虽然托尔金在政府密码学校的伦敦总部学过一门指导课程，但他最终还是决定留在牛津。密码学的损失成就了文学界的辉煌，在战争年代里，托尔金完成了《指环王》的大部分写作。[13]

布莱奇利公园的这支团队从很多维度来看都非常多元化：他们有着不同的知识背景，大部分工作人员都是女性，尽管主要属于行政角色（布莱奇利公园也不太可能完全摆脱当时社会背景下的性别歧视问题），而且有好几位高级密码分析师都是犹太人；此外，团队成员还包含了不同宗教和不同社会背景的人士。[14]

对于破解代码而言，为什么上述的多样化元素如此重要？这难道不是纯属逻辑和数学运算问题吗？事实上，和所有复杂任务一样，解决的难点在于需要多个层次的洞察力。以后来被称为"Cillies"的难题为例：信号员一般都会用女朋友的名字或者某句脏话记录下首先跳出来的 3 个字母，之所以经常看到 Cillies 这个词，是因为首先跳出的字母是 C、I 和 L，是一个德国女孩的名字 Cillies 的缩写。像这样的线索可以帮助团队缩小代码破解的范围。[15]

所以说，破解代码不仅需要理解数据，还需要理解人。"我们一直在思考一种战时心理学，如果你要给你的将军加密一条信息，而且必须在这些小窗口输上三四个字母，在这样白热化的战争当中，你最可能想到的多半是你女朋友的名字或者德语里的脏话，"一位年轻的女性破译者说道，"说起来，我可是德语脏话的专家！"[16]

招募填字游戏爱好者的目的，不外乎是想要获得覆盖整个问题空间的洞察力。乍看可能有些奇怪，为什么布莱奇利公园会这么关注《每日电讯报》的纵横填字游戏比赛。尤其是在战争期间，这可能显得有些不务正业。但他们的确是从整体角度在考察这个问题。这是一种想象力的重大飞跃，找到了纵横填字游戏与密码学之间的某种特征共性。

"无论是破解一个简单的密码，还是像布莱奇利那样的复杂破译工作，最终都是在猜词，"迈克尔·史密斯说，"填字练习同样需要发散性思维。"[17]

科学作家汤姆·奇弗斯提出过，这当中还包含了人性的因素：

> 纵横填字游戏是关于如何猜透对手的思考逻辑，同样，破解密码也是关于如何猜透敌人的思想。代码破译者根据加密员的不同风格逐一理解并猜透对方，就像猜字谜的人理解游戏设计者一样。比如，有人当时推测出有两个操作员的女朋友叫罗莎。[18]

所以，斯坦利·赛吉威克之所以在家门口收到那封信，并不是因为情报局要"赌一把"，也不是为了实现多样性而去刻意创造多样性。这是一种经过精密设计的多样性，目的是使集体智慧的效果最大化。"要想把不同的思想结合起来去解决一个艰深问题，这需要想象力。"迈克尔·史密斯说。他在成为记者和作家之前，也曾是一位情报官员。

换句话说，破解密码首先依赖于一个前提要求——先要破解多样性的"谜团"。如果仅仅选择拥有相似背景经历的聪明人，那操作起来就简单多了。比如挑选一些擅长密码数据分析的顶尖数学家，那会是多么容易的事情。但这些数学家未必会停下来思考敌方操作员的人性心理。布莱奇利公园的做法则不同，他们往后退了一步，认真推敲所有思考角度可能存在的盲点问题，并用睿智的方式想办法覆盖所有有用的认知区域，从而展现出了不同寻常且令人瞩目的集体智慧。

哲学家及评论家乔治·施泰纳曾将布莱奇利公园描述为"1939 年至 1945年，更或许是整个 20 世纪，英国最伟大、最杰出的组织"。比尔·邦迪，一位曾在布莱奇利工作的美国密码破译者，后来成为美国助理国务卿，他说自己从未和"如此全心投入，且拥有如此全方位技能、洞察力和想象力"的团队一起合作过。[19]

赛吉威克在收到信后，应约拜访了总参谋部尼科尔斯上校，发现后者也正是英国情报部"军情八处"的负责人。来到布莱奇利公园后，赛吉威克被安排在十号小屋工作，该组主要负责拦截气候密码。这对于皇家空军的轰炸指挥尤为重要，使他们能根据有效信息采取行动。此外，拦截气候密码还有另外一个目的：这些信息被认作是德国海军使用的"哑谜机"的原始信息来源。

破解这一密码的意义不可估量：不仅在大西洋战役中发挥了重要作用，还帮助美国护航队成功避开潜藏着的德国 U 型艇，在美国和欧洲之间建立起供应链条，从而使英国获得了对持续作战至为关键的商业补给。据一位消息人士估计：仅从 1942 年 12 月到 1943 年 1 月，这一破译行动就挽回了多达 75 万吨的运输物资。

"就在赛吉威克逝世的前几年，我和他有过一次交谈，让我感触最深的是他的谦虚和责任感，"迈克尔·史密斯说，"战前他的工作很平凡，所以被招募到布莱奇利公园，对他来说是一个令人着迷的挑战。他告诉我，和那么优秀的团队一起完成了如此重要的使命，是他一生中最引以为傲的时光。"

就是这样一位安安静静的普通职工，在上下班的路上因为着迷于填字游戏，从而为消灭纳粹德国做出了重要贡献。斯坦利·赛吉威克就是历史上最优秀的多样性团队的成员之一。

反对有效

I

　　1996 年 5 月 10 日，刚过午夜，罗伯·霍尔和他的团队走入了"死亡区"。他们在珠峰南坳顶着大风扎营过夜，眼前尽是无情的坚冰和饱经风霜的巨石。此处距离世界最高峰还有 3117 英尺*的垂直距离，如果进展顺利，他们将按计划在 12 小时内带着手中的佛教旗帜和各种纪念品，登上珠穆朗玛峰的最高处。

　　这些人中有 35 岁、长络腮胡的领队霍尔，两名导游安迪·哈里斯和迈克·格鲁，还有一名夏尔巴人以及另 8 名队员。这些队员都是经验丰富的登山者，但未获得世界级的登山技术证书，不能独自攀登珠穆朗玛峰。他们当中包括乔恩·克拉考尔，他是一名作家和冒险家，为《户外》杂志写探险类文章；贝克·韦瑟斯，一位来自德克萨斯州的病理学家，有着 10 年登山经验；南波康子，一位 47 岁的东京女商人，曾攀登过世界七大洲 6 座最高的山峰，如果

---

* 　编者注：1 英尺约等于 0.3048 米。

成功登上珠穆朗玛峰，她将成为登上全球七大高峰的年龄最大的女性。

霍尔对这支团队和前期准备都充满信心。他曾 4 次登上珠穆朗玛峰，不仅具有高超的登山技术，敏捷度和力量也超过常人。1990 年他在攀登珠穆朗玛峰的途中遇到了妻子简（她是一名医生，在登山大本营下面的一家诊所工作），两人随即坠入了爱河。他后来说："我当时一从珠峰上下来，就去跟简见面。"[1]他们的第一次约会是攀登阿拉斯加的麦金利山，两年后他们结了婚。1993 年，他们又一起登上了珠穆朗玛峰，成为世界上第三对登顶珠峰的夫妇。[2]

以往霍尔攀登珠峰的时候，简通常都会在大本营工作。但这次她已经怀孕 7 个月了，所以没法一起前往。这使得霍尔对于此次登山有了更为不同的期待感，因为等到结束登山、回到新西兰家中的时候，他就会成为一名父亲。霍尔说，这样的激动时刻真让人迫不及待。

尽管心情激动，霍尔丰富的登山经验告诉他，每向上攀登一步，都意味着团队会面临更大的危险。珠峰南坳的空气已经非常稀薄，登山员只好使用氧气瓶，戴上面罩，蜷缩身体以抵御强对流天气。"从这个高度开始，你会感到自己的意志和身体状况每一分钟都在恶化。"霍尔提醒他的团队成员。乔恩·克拉考尔这样记录道："脑细胞开始死亡，血液像污泥一样黏稠得可怕，视网膜上的毛细血管也莫名开始出血。就算休息的时候，心跳也异常剧烈。"[3]

当整个团队抬头看着被当地人称为"世界之母"的珠穆朗玛那著名的三角形山峰时，他们知道，最后一段路的挑战极为艰巨，每一步都不能出错。首先，要耐心爬到"平台区"，用前照灯看清路线，把绳索穿过斜坡挂牢，这个过程随时都有可能遇到致命的岩石坠落。然后就开始向陡峭绵延的南峰攀登，路上会看到冉冉升起的太阳将梦幻般的光芒洒在洛子峰的南面。

随后就抵达了"希拉里台阶"的正下方，这是登山界最著名的几近垂直的岩石山壁。"希拉里台阶"以登山家艾德蒙·希拉里的名字命名，他与队友丹增·诺尔盖是最早登上珠穆朗玛峰顶的人。希拉里曾这样写道："问题很严峻——你要跨越大约40英尺高的岩石壁。这块岩石本身很光滑，几乎没有任何可以搭靠的地方。对于在某个湖区聚会的一群登山专家来说，这是一个可以在周日午后慢慢探讨的问题，但在这里，我们是真的无力攻克。"4

据知情人士说，珠穆朗玛峰并不算是世界上最美丽的山峰，比起大部分山脉的那种高耸入云的样貌，它显得有些呆板和平淡无奇。然而，珠峰的吸引力本不在于满足审美，更多是源自它的神秘性。乔恩·克拉考尔曾在从卢卡机场奔赴大本营的路上远望到了山顶的样子，他写道："我盯着顶峰大概看了30分钟，试图体会站在狂风凛凛的巨壁之上会是什么感觉。我过去攀登过数百座山，但从来没有哪座山可以和珠穆朗玛峰媲美，我的想象力已不足以描述它的独特性。它是那么冰冷，那么遥不可及。"

然而，除了神秘性，珠穆朗玛峰也是致命的。自1921年英国探险队首次尝试攀登珠峰以来，已有130名登山者丧生，每4名登顶者中就有1人身亡。5其中最受人关注的是死于1924年的乔治·马洛里，他也是早期的登山者之一。这个英国人带着简陋的装备，凭着惊人的勇气，于6月8日与他的同伴安德鲁·欧文走上了最后一次攀登的征途。当天山顶笼罩在薄雾之中，使得支援队一直观察不到他们的进展。到了中午12时50分，云稍稍散开了一会儿，他们的一名队友诺埃尔·奥德尔看到两人已经到达了东北山脊处，虽然比原定时间晚了5个小时，但他们仍在"快速且有条不紊地"向山顶进发。此后，马洛里和欧文再无音讯，直到1999年两人的遗体才在北峰26760英尺处被发现。历史学家的共识是，两人都没能登上顶峰。

霍尔团队的每个成员都能切身体会到危险的存在。他们目睹了散落在山坡上的尸体，也被严肃告知了补充氧气的重要性。自到达17600英尺的大本营以来，他们已经进行了三次适应性攀爬。第一次是登上了19500英尺的昆布冰瀑，那里到处是冰裂缝和移动的浮冰，雪崩随时都会发生。第二次和第三次分别抵达了21000英尺和23500英尺的高度，在高海拔处每待上1小时，都能锻炼他们的意志，并增强身体对缺氧环境的适应力。要知道，顶峰处空气里的含氧量将只有海平面的三分之一。

但是现在，他们已经进入了26000英尺高空的所谓"死亡地带"，那是所有登山路线中最令人望而生畏的地方。霍尔已经明确讲好：登山队要在下午1时、最晚2时返程，就算那时还没登顶也必须折返。这与其说是一个技术上的判断，不如说是个简单的计算问题。每人有3个氧气罐，每个氧气罐可以供氧约6至7个小时，所以任何拖延都是在和死神"调情"。就像霍尔所说的那样："只要决心够强，白痴都能爬上去，但关键是你要能活着回来。"[6]

当天另一个复杂因素是，还有其他团队也在尝试登顶。珠穆朗玛峰在全球享有盛誉，这样的情况并不新鲜。这支叫作"山地疯狂队"的队伍由美国人斯科特·费舍尔率领，他为人和蔼可亲，是世界上技艺最娴熟的高山登山者之一。这支队伍的领队也是技术精湛的登山者，其中包括两次攀登上珠穆朗玛峰的阿纳托利·布克里耶夫。队员中有美国登山家桑迪·皮特曼，她和前面提到的南波康子一样，已经登上过全球七大最高峰中的 6 座，还曾为美国全国广播公司做每日视频博客。

早上 5 时 15 分，太阳刚刚在地平线探出头，霍尔团队里的乔恩·克拉考尔已经攀登到了东南山脊的顶峰。后来他写道："世界上五大高峰中的三座身姿巍峨，在柔和的晨曦中安宁休憩。我的仪表显示，这里的海拔已经有 27600 英尺。[7] 眼前是一幅壮丽的景象，然而山坡上开始不断出现问题。"

由于在 27400 英尺以上的地方还未预装绳索，而此时阿纳托利·布克里耶夫、尼尔·贝德曼（"山地疯狂队"的另一位向导）和罗伯·霍尔团队里的那名夏尔巴人都在奋力将绳索固定在裸露的山体上，导致绳索的固定处人员拥挤。而这时斯科特·费舍尔还落在队伍后面。三天前，他花了很大精力帮助生病的朋友戴尔·克鲁斯回到大本营，之后出现了类似于高海拔肺水肿的症状——肺部积液。

直到下午 1 时稍过，走在队伍最前面的乔恩·克拉考尔才登上了山顶。他因为实现了毕生心愿而激动不已，但也感觉到探险队的其他成员状况不佳——罗伯·霍尔还远远没到山顶，桑迪·皮特曼和其他队员也已疲态尽显。此时，安全折返的时间已经临近，南边山谷开始浓云密布。

然而，即使在那个时刻，也没有一名队员会想到，在接下来的几个小时里他们中的 8 人将丧生于世界上最著名的山峰上。1996 年那起让世人难忘的珠峰山难就这么发生了。

1996 年事故发生之后，多名幸存者都讲述了自己的经历，乔恩·克拉考尔写了一本畅销书《进入空气稀薄地带》，罗伯·霍尔的另一位队员贝克·韦瑟斯写了本《亡者赴死》。IMAX 公司制作了一部名为《珠穆朗玛峰》的纪录片，《国家地理》杂志则专门制作了一期名为《珠穆朗玛峰的黑暗面》的专题特刊。2015 年，这场灾难还被拍成了一部好莱坞大片，票房超过 2 亿美元。

尽管存在各种记述，但到今天为止，对于那天究竟出了什么问题，以及从中可以吸取怎样的教训，仍然没有形成共识。乔恩·克拉考尔对"山地疯狂队"的向导阿纳托利·布克里耶夫提出批评，认为他走得过快，把队员远远甩在了后头，布克里耶夫则写了一本书《攀登》予以反击，并且得到了登山界很多权威人士的声援。桑迪·皮特曼多年来一直走不出这起事故的阴影，她抱怨说各种记述谋杀了她所扮演的"角色"。[8] 克拉考尔还说，珠峰电影对他的描绘是"彻底的胡扯"。

这样的差异或许在所难免，尤其是在要摊派责任的时候。毕竟事故中有人丧生，有家庭破碎，还有很多人在追查重大错误的源头。灾难过后，第一人称所做的叙述经常前后不一致，有时甚至出现严重差异。在这一章里，你会发现所有幸存者的记述都是错误的。本章将探究这样一个观点：问题其实与任何个体的行为都没关系，而是关乎他们的沟通方式。

在开头两章中，我们研究了多样化的视角可以如何提升集体智慧，而且这种提升常以不同寻常的方式实现。其实很多时候，多样化视角的好处是寻常和显而易见的。在山坡上，不同的登山者因为处在不同的位置，所以看到的东西也不一样，比如某位登山者会观察到身边一些人的身体状况、周边存在的问题，或者从西边滚滚而来的乌云，在其他位置的人则看不到这些。一个人只有一双眼睛，而一个团队则有很多双眼睛。因此，我们要问的问题是：如何才能将有用的信息和观点结合起来？要使得多样性发挥魔力，不同的观点和判断意见就要被有效表达出来。信息再有助益，没有被传递出去也就一文不值。

另外一个问题是：一旦不同的观点被表达出来，谁将做出最后的决定？也就是说，如果观点相互冲突，谁说了算？如果出现不同的视角，我们是将它们融合在一起，还是择一弃一？在这一章中，我们不再讲多样性的理论基础，而是重点讲解如何在实践中有效运用它。

从很多方面来看，攀登珠峰的案例都会是探索这一问题的优秀样本。由于山上天气向来变化多端，无论你做多少计划和准备，都会出现意想不到的问题。随着环境的变化，登山队伍开始散落各处，这对于人的体力尤其是认知负荷都会产生巨大压力。从这个意义上说，登山运动就是一些管理学研究者所说的 VUCA 环境——一种不稳定（volatile）、不确定（uncertain）、复杂（complex）和模糊（ambiguous）状态。

II

心理学家和人类学家总有意见分歧，但在一件事上他们达成了共识——关于统治阶层的重要性。根据心理学家乔丹·彼得森的说法：人类和其他灵长类动物都有着相似的等级制度，甚至连龙虾也一样。佛罗里达州立大学心理学教授乔恩·曼纳指出："等级制度历经成千上万代，可以一直追溯到智人的出现，甚至于可以追溯到更遥远的灵长类物种。人类的思维模式的确适应于高度等级化的群体。"[9]

统治阶层所特有的那种情感和行为深深烙印在我们的脑海里，以至于我们已经习以为常。占统治地位的人常常大手挥舞、高声威胁，或者利用恐惧心理鼓动下级，特别是占统治地位的阿尔法雄性：他们常常拔高嗓门、比画手势、龇牙咧嘴。我们可以看到，一些金融业的老板就和黑猩猩队伍里的阿尔法雄性毫无二致，而他们的下级则往往低着头、驼着背、躲避目光以示屈从。

事实上，我们心理上的地位机制早已根深蒂固，所以当你把5个陌生人放在一个房间里，派给他们一个任务时，就可以观察到等级体系能在几秒钟内迅速建成。更有意思的是，局外人即使听不到他们说什么，仅仅通过观察姿势和表情就能准确地判别出不同人的不同层级位置。

等级不只关乎我们做什么，更重要的是体现出我们是谁。

统治阶层的普遍存在，从某种程度上体现出了它在进化史上的关键作用。如果一个部落或者群体需要做一个简单决策，那么最有效的方式就是首领拍板，其他人照着完成。这既加快了工作速度，也提高了协作效率。所以在人类的进化史上，有首领的部落往往生存能力更强。

但遇到复杂情况时，统治型团队的动态反应机制就会带来负面效应。就像我们所看到的，集体智慧取决于不同观点和见解的表达，然而这些不同观点会被占统治地位的人视为对其地位的威胁，因而很难在等级体制中存在。从这个意义上说，统治阶层也成为一种悖论：人类社会天然存在等级制度，然而由此引发的行为却会阻碍有效沟通。

我们可以从 1978 年 12 月 28 日美国联合航空公司 173 次航班上发生的事件中看到这一现象。该飞机从丹佛市起飞，飞往俄勒冈州波特兰市。整个航程一切顺利，但就在着陆的时候突遇险情。机长拉动操作杆放下起落架，但是机轮没有被平稳放下，而是传出"嘭"的一声巨响，本该亮起的起落架安全下放指示灯也没有亮起来。机组人员无法确定机轮是否已经放下，于是机长让飞机保持原本的飞行状态，开始查找故障。

由于没法看到机身下面的轮子是不是正常放下，机组人员只好开始检查关联部件的情况。机师走进机舱进行观察：如果起落架就位，机翼的翼梢上方会弹出两个螺栓。没错，螺栓已经弹出。他随后向联合航空公司控制中心报告了机上情况，得到的反馈是轮子应该已经放下了。

但机长还是存在疑虑。是什么引起了那声巨响？为什么仪表板上的灯不亮？在轮子没有就位的情况下着陆，一般不太会引发人员伤亡，但还是有一定风险。机长为人正直，经验丰富，他不愿意把乘客置于不必要的风险之中。于是他开始猜测，灯不亮也许是电线造成的，或者是因为灯泡坏了。

然而就在他认真思索的时候，飞机还在继续正常飞行，一个新的危险又降临了——飞机的燃料就快耗尽了。机师知道情况已经非常危急，因为他一直眼睁睁看着仪表盘上的数字快速下降。他有着强烈的求生动机来提醒机长，因为毕竟他和飞机上其他人都已命悬一线。

但这是 20 世纪 70 年代，航空业的文化特色就是层级分明。机长被叫作"长官"，其他机组成员都必须服从他的判断，执行他的命令。这也就是社会学家所说的"陡峭的权力梯度"。如果当时机师表达出对燃料告急的担忧，那么隐含的意思就是机长没能把控好所有关键信息（虽然机长确实没做到全面把控），也可能被解读为对机长地位的挑战。

到当地时间17时46分，表盘上的燃油量已经降到只剩5格了，情势万分急迫，包括机师在内的两百多人危在旦夕。然而机长还在集中精力研究灯泡，全然没在意燃料的骤减。你可能以为机师会提醒说："我们现在必须着陆！燃油快耗尽了！"然而他并没有。从驾驶舱的语音记录中，只听到他暗示了一句："再飞15分钟燃油就真的不多了。"

由于实在不敢直接挑战机长的权威，这个机师在暗示时把语言弱化了，以至于机长理解的意思是飞机继续这么盘旋的话燃料就会很紧张，而不是要耗尽了。这个理解是错误的，机师也很清楚。即使到了18时1分，一切可能已经太晚的时候，机长仍专注于检测防滑系统，而机师和副机长仍然没敢张嘴把问题说清楚。

时间到了18时6分，引擎熄火，到这时他们才开始说出真相，但为时已晚，飞机已经来不及折返下降了。造成这一结果的原因并不是机上人员缺乏信息，而是因为他们没能把掌握到的信息说出来。几分钟后飞机坠毁，它冲入树木茂密的郊区，穿过一栋房子，撞上另一栋房子后停了下来。机身的左下侧被完全撞毁。就在这样一个晴朗的夜晚，飞机盘旋在机场上空，下方的一切都清晰可见，最后却造成包括机师在内的许多人丧生。

这看起来是一起罕见的惊悚事件，但它反映出的心理学问题却普遍存在。根据美国国家交通委员会的数据，超过30起坠机事件都是由于机组成员不敢发声造成的。[10] 一份针对 26 项医疗研究报告的分析文件显示，不能站出来说话已经成为"导致沟通障碍的主要原因"。[11]

这不是只存在于高风险行业的问题，而是一种普遍现象，跟人心有关。"人们常常觉得自己的行业很不一样，"阿伯丁大学应用心理学名誉教授罗娜·弗林指出，"事实上，如果你是一名心理学家，就能在任何行业背景中发现情况看起来都差不多……虽然技术环境各不相同，但人是相通的。他们受到同样的情感和社会因素的影响。"[12]

波特兰坠机发生后不久，研究人员在一次实验中观察到，机组人员在模拟飞行的过程中竟然也会出现同样的问题。罗娜·弗林说："机长被要求做出一些明显错误的决定或者假装能力不足，目的是看看副机长多久才会把问题说出口。一位监测副机长反应的心理学家说，副机长宁可死也不愿意挑战机长的权威。"[13]

从表面上看，宁死不愿挑战领导者的做法似乎有些不可思议，有理由相信这样的事一定不会发生在你我身上。但实际上，不敢发声的情况会在无意间、自然而然地发生在任何人身上。随便想象一个工作场景：下属为了取悦老板，常常模仿其语言风格甚至手势姿态。这一情况就抹杀了多元思想的产生——并不是多元思想不存在，而是它没有被表达出来。

鹿特丹管理学院做过一项了不起的研究：他们分析了超过 300 个 1972 年以来的工作项目，发现由基层管理者领导的项目比高级主管领导的项目成功概率更高。[14] 表面上看起来这似乎不太符合常情，缺少了最有经验的成员，团队怎么会表现得更好呢？

高级领导者的存在让团队付出了社会成本，因为他会带来统治型团队的动态反应机制。当这名高级领导者被剥离掉后，虽然整个团队损失了一些知识经验的输入，但余下成员可以更自由地表达出自己的观点。这会带来巨大的价值，远远超出损失部分。正如这项研究的主导者巴拉兹·塞斯玛瑞所说："我们的研究结果令人很诧异，因为在项目中地位较高的领导者反而失败率也较高。这倒不是因为他们没有得到大家的全力支持，恰恰相反，失败正是要归咎于这样的支持。"[15]

一位印度的科技公司创始人阿维纳什·考希克创造了一个词 HiPPO，即"高薪人士意见"（Highest Paid Person's Opinion）的缩写，用来形容统治型团队的动态反应机制带来的影响。他说："HiPPO 统治一切，否决你的数据，将自己的想法强加于你和你的团队。他们自认为最了解情况，虽然有时候确实如此，但正是他们的在场阻碍了观点的有效交流。"[16]

我们可以在图 5 中看到统治型团队的动态反应机制。这是一支相当多元化的团队，覆盖了问题空间的很大一部分区域。然而，由于带队的是一名控制型领导者，下属都不敢说出自己的真实想法，而是说一些他们认为领导会想听到的话。他们迎合领导的想法，考虑他可能的感受。于是这个团队就失去了多样化思想。

事实上，团队成员都在移向领导者的位置，重复他的观点，并在这个过程中缩小了自己的覆盖面。于是，就像图 6 所示，这支团队的认知能力实际上已经崩塌，退缩到了单一大脑的覆盖范围。

这本来是一支多样性团队，但在统治型团队的动态反应机制下，被改造成了克隆人团队。

对医疗业的研究也表明，外科团队的初级医师常常因为害怕主刀医生而不敢说出自己的想法，而且主刀医生越是专横，这种情况就越明显。记住，领导

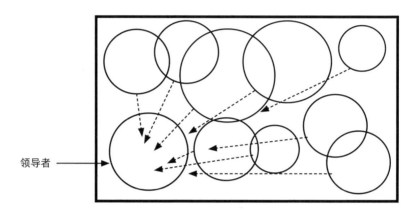

图 5　统治型的多样性团队

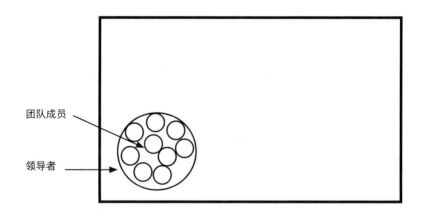

图 6　迎合统治型领导者意见的团队

者之所以在那个高高在上的位置，除了因为有权力，也因为他们比一般人聪明。所以，团队中的普通成员会认为自己想说的事情领导早已知道，没有必要再说一遍。何况，不断进化的人类从属心理早就预设了服从心态，这一切就变得更加理所应当了。

从这个角度思考，联合航空 173 次航班上机师的行为就可以理解了，你甚至可以想象出他当时的心路历程。眼看着燃料要耗尽了，他极度渴望说出自己的担忧，然而受到看不见的领导权威的影响，他就是不敢说出口。于是，他开始疯狂地为自己的缄默找理由，用仅剩的精力猜测机长应该已经知道燃料情况，机长肯定有自己的办法。

当机师最终说出自己的想法，一切都已太晚。这个团队明明掌握了全部的信息，却没能有效沟通。两个人在快速变化的事情面前，分头抓住不同的关注要点，这本来是再平常不过的情境。然而在这个案例中，认知多样性带来的好处被生生浪费了，最终导致无情的灾难。

III

下午 2 时 20 分，罗伯·霍尔登上了珠峰。那里景色壮美，邻近的喜马拉雅山峰宛如山麓小丘。他站在世界之巅，感觉自己几乎能看到地球的轮廓。

霍尔兴奋不已。几分钟前，当他穿过希拉里台阶时，碰到了登顶后正在返程的队员乔恩·克拉考尔，并与他互相拥抱。克拉考尔感谢霍尔策划了这次登山之旅，让他实现了毕生心愿。"没错，这次探险的体验棒极了。"霍尔回应道。[17] 然而，这也是克拉考尔最后一次见到霍尔。

罗伯·霍尔是世界上最棒的登山者之一，曾 4 次登上珠穆朗玛峰。作为一名领导者，他非常认可团队凝聚力的重要性。他会让团队成员之间先互相熟络，分享自己的故事，比如登上珠峰对他们自己及家人的意义。所以显然，这支队伍从登山队员到支持人员，互相之间都有着不错的感情基础，就像大本营的经理海伦·威尔顿说的那样：

> 我感到自己成为一件伟大事业的组成部分。有机会和一群有着共同信仰的人一起做事，这感觉真的很不错。能够帮助他们实现梦想也让我打心底里觉得高兴。就在短短 6 周的紧张生活里，我们经历了太多次情感碰撞、难忘时刻和严峻挑战。[18]

因为共同的目标感和登山者的无惧无畏，灾难降临的瞬间才出现了那一幕幕让人惊叹的英雄行为。造成灾难的原因，并不是人们纷纷揣测的缺乏团结，也不像灾难过后大家互相指责的那样是某一个人的过错。问题的根源更加微妙，需归咎于统治型团队所特有的动态反应机制。

尼尔·贝德曼是"山地疯狂队"的一名初级向导，他在整个事件中扮演了非常重要的角色。下午 2 时 30 分，他站在珠峰顶上，心里感到越发焦虑，因为这时候已经过了领队斯科特·费舍尔定下的返程时间，瓶装氧气也所剩不多。或许费舍尔因受到病痛折磨而无暇顾及其他，又或许他过分希望自己的队员可以有机会登顶。不仅如此，贝德曼还清楚地看到作为资深向导的阿纳托利·布克里耶夫已经开始独自下山，这使得向导和队员的人数比例失衡。贝德曼不禁紧皱眉头，但他并没有向大家指出返程时间的问题，也没有试图阻止布克里耶夫独自下山。

这是为什么呢？从表面看起来很不可思议，毕竟此刻的及时干预对于登山者们的安全极为关键。但如果考虑到团队中的地位层级问题，一切就可以理解了。"贝德曼在高海拔山脉的登山经验有限，而且他在'山地疯狂队'的级别低于领队费舍尔和资深向导布克里耶夫。"克拉考尔写道，"看看他当时的向导费就知道他的级别不高。"在灾难发生后的几个月里，贝德曼也郑重承认了上述问题，暗示那天层级制度发挥了一定作用。"我肯定是团队里的第三向导，"他说，"所以我不想太过激进，结果总是在应该站出来说话的时候退缩。现在我自责死了。"[19]

高级向导和普通向导之间尚有如此鲜明的地位之分，向导和登山队员之间就更加层级分明了。其实，这些登山队员虽不像向导那样具备充分的专业度，但也都有多年的高山攀登经验。此外，在登山进行的过程中，队员们也多多少少收集到了关于山区多变环境的信息，观察到每位成员的身体状况，还发现了不少其他问题。要知道，向导只有一双眼睛，而整个团队有很多双。

然而，恰恰就在上山的前一天，罗伯·霍尔曾严正说明沉默与顺从的重要性，而不是鼓励大家有话就说。"登顶那天（他）也给我们讲了服从命令的重要性，"克拉考尔写道，"他还盯着我看，并且训诫说'在山上我不容许有任何反对意见。我的话就是法律，不允许违抗。如果你不满意我的某个决定，我很乐意事后和你讨论，但不要在山上说'。"[20]

霍尔有充分的资格给大家做这样的训诫，因为他对珠穆朗玛峰有深入的了解，也最适合做关键决策。但是他忽视了一点——他能否做出明智的决策，不仅取决于自己的视角观点，也有赖于整个团队的智慧。他强调团队必须听从领队的判断，这当然无可厚非，但问题是，他没有意识到阻断集体智慧的输入会导致他的很多判断出现致命漏洞。

"等级森严"成为这两支队伍的共同特征，并且随着环境逐渐严酷，这个特征一次又一次地表现出来。"山地疯狂队"的一位队员马丁·亚当斯在向山顶慢慢挪近之时，发现了一些让他紧张的现象：他看到山下有云团，而且很快意识到那是一团雷电云。亚当斯是商用飞机的飞行员，在判断各种云的成因方面有丰富的经验。他事后说："如果在飞机上看到这样的雷电云，第一反应就该是赶紧撤离。"但他没有说出来。

领队和其他队员都不知道这些云意味着什么，因为他们都不像亚当斯那么有经验，能够垂直向下看懂云的形态发生的微变。正如乔恩·克拉考尔所说："我没怎么从 29000 英尺的高空俯视过积雨云，所以对正在逼近的风暴毫无感知。"然而亚当斯却没有把这个关键信息告诉向导。

那可是性命攸关的时刻，所以亚当斯的沉默显得不可理解。但是如果对心理学有些了解，就能预测到他会做出这样的行为。在这支队伍里，向导处在领导地位，属于统治阶层。队员被要求绝对服从向导的决定，而不是自由发表意见，所以亚当斯可能根本没想过要把自己的想法说出来。然而，向导也没做出正确的决定——让大家放弃登顶，及时、安全下山。

几分钟后，乔恩·克拉考尔和为数不多的几个人开始下山。克拉考尔走到南峰，急切地想要使用囤在那里的氧气瓶补氧。他看见向导安迪·哈里斯正在那里整理瓶子，于是松了一口气，心想：终于可以换用新鲜的氧气了。但哈里斯却说："这里没有氧气了。所有瓶子都是空的。"其实他错了，那里至少有6瓶是满的。很可能因为测试仪被冰堵塞了，所以检测的时候显示出都是空瓶。

不管怎样，克拉考尔肯定知道哈里斯弄错了，因为他早就抓起了一个新罐子，大口大口吸起氧来，但是他没有反驳哈里斯的话。他知道哈里斯错了，也知道氧气对自己和团队的生命安全非常重要，但是他没有再多说一句，反而自顾自下山去了，把哈里斯留在南峰上照料后面陆续下山的人。

克拉考尔为什么不站出来说话？他没心没肺吗？他不关心队友的安全吗？现在回想一下前文中罗娜·弗林教授的那句话"副驾宁可死也不愿意挑战机长的权威"，再回想一下联合航空173次航班上的机师，你就会明白人们对于层级关系极为敏感，甚至不惜为此付出沉重代价。类似的"自我沉默"常常在无意识中发生。

乔恩·克拉考尔的书中有一段描述很有说服力：

如此明显的情况之所以逃过了我的眼睛，更重要的原因是那份"向导和队员指南"。安迪和我在体能和技术方面水平相当，如果我们是在一个没有领队的情况下以平等的身份一起登山，那很难想象我会忽视他遭遇的困境。然而在这次探险活动中，他的角色是所向披靡的向导，被赋予了照料我和其他队员的职责。我们被教导的是不得质疑向导的判断，所以我这个"榆木脑袋"根本没想过安迪会陷入这么可怕的困境，没想过向导会迫切需要我的帮助。

后来发生的一次类似事件也带来了致命后果。下午 4 时 41 分，罗伯·霍尔已经完成登顶，他发出无线电指令说自己和一名登山队员道格·汉森在希拉里台阶上遇到麻烦，急需氧气。如果他知道南峰顶上有新的氧气瓶可用，那只要下来取走一瓶，然后返回山上即可。然而哈里斯打断他，错误地说瓶子都是空的。正是由于克拉考尔在早些时候没有把自己的观点说出来，导致霍尔在希拉里台阶陪着汉森，拼命要在氧气瓶不足的情况下把他拽下山。然而就在几分钟后，风暴骤然来袭。

一次又一次，信息没能得到共享。团队做出的关键决策没能以整个团队的所知所想为基础。当事人在回顾起这场灾难的时候，对于自己当时的沉默都感到不可思议。我为什么不分享我知道的信息？我为什么不说出我的担忧？正如克拉考尔谈到自己为什么没去反驳哈里斯一样："鉴于之后几小时发生的事情，我当时那么轻易地抛下责任，完全没顾及安迪可能遇到重大困境，这个失误我一生都将难以释怀。"

如果从外部视角来看，会认为出现这样的问题是因为团队成员不够关心彼此，没有足够的动力去帮助其他人。但要知道，那些有想法而没说出口的人自己本身也处于危险之中。所以，问题并不是缺乏互助的动力，而是团队中的等级制度。这棵决策之树并不是依据团队的集体智慧来选择每根分支的方向，所以每产生一根新的决策分支，都把整个登山队（包含整整 30 多人）缓慢而无情地推向灾难。

待到飓风最终来袭时，误判的不断叠加最终质变为一场悲剧。"一分钟前，你还能看到下面的营地，一分钟后就看不见了。"一位幸存者说。大雪漫天，能见度几乎为零。两名向导尼尔·贝德曼和迈克·格鲁，与七名队员以及两名夏尔巴人汇合成了一个团队，摸索着走向 4 号营地。大风的声音震耳欲聋，他们的眼皮不断被冰雪粘在一起。路上他们还要时刻提防不能太靠近东坡，以免误入嘎玛沟。

贝克·韦瑟斯回忆说："越往前走就越找不到方向，你会一直处在这样的状态中。风雪和酷寒愈演愈烈，耳边的巨响已经笼罩住你，你必须向队友扯着嗓子喊，对方才能听得见。感觉我们就像是一群被牵着走的羊。"[21] 在暴风雪的环伺下，他们绝望地迷了路，绕着圈子艰难行进。现在所有人的氧气补给都用完了。"这就像拔掉插头、切断了电源一样。"有人回忆道。

登山者们的绝望处境令人扼腕，但这一过程中展现出来的勇气也令人折服。路上有人倒下了，被队友搀扶起来；有人说不如放弃，被队友劝回。当他们在一块岩石旁蜷缩在一起、在浓云密布中渴求一歇时，整个队伍差点儿全部瞌睡过去，要知道这是致命的。

"我们知道这时候不能睡过去，但实在抵挡不住。"尼尔·贝德曼说，"你把自己往后一靠，尽可能朝后躺到自己的羽绒服兜帽里，然后闭上眼睛，深呼吸……就什么都不知道了。"[22]

浓云散开了一会儿，登山者们能看到营地的位置了，然而已经有 5 个人身体僵直，无法动弹。那些还能挪步的人跌跌撞撞地回到帐篷里，其中大部分人筋疲力尽地躺到睡袋里，昏睡过去。剩下的事情都交给阿纳托利·布克里耶夫了，他提前回到营帐避开了风暴，现在要独自展开救援。他单枪匹马冲入风暴，只手把 3 个人拖回营地，然而还有两个人被留在了岩石旁。这时候布克里耶夫已经冻僵了，再做任何救援肯定会搭上他自己的性命。

在更高处，风暴还在肆虐，罗伯·霍尔仍在奋力把道格·汉森拖下宛如插满刀片一般的山坡。两人都已经缺氧，汉森则气力尽失，几近昏迷。大本营劝霍尔放弃他的同伴，因为这是最后的逃生机会，但是霍尔拒绝了。安迪·哈里斯听闻朋友在上面遇险，做出了惊人的举动，他开始向希拉里台阶攀爬。之后，再也没人见过他。

筋疲力尽的斯科特·费舍尔可能因为患病的原因，在东南山脊不幸遇难。另一位没有挺过漫漫寒夜的是南波康子，她在南坳地带丧生，但仍然是记录中第二位登上世界七大峰的日本女性。贝克·韦瑟斯成为登山史上最大的奇迹：他幸存了下来，第二天早上踉踉跄跄回到营地。后来他被直升机带下山，但由于严重冻伤，他的右臂肘部以下被截肢，失去了左手的所有手指以及双脚的部分脚掌，后来还用耳朵和前额的组织再造了一个鼻子。在所有探险故事中，韦瑟斯的事迹最为鼓舞人心。

另一边，罗伯·霍尔继续孤军奋战，在希拉里台阶上全力救助道格·汉森。在那部关于霍尔的探险纪录片中，电影制片人大卫·布雷希尔斯（灾难发生时他正在大本营）忍不住猜测起当时的情景。"那一定是非常绝望的挣扎，他要在那个山脊拖动道格，一次也就走几英尺，但是营地还那么遥远……也不知道当时道格的情况怎么样，他是奄奄一息地对罗伯说'不要丢下我'，还是看着罗伯说'快走吧，救你自己'。"[23]

这些问题我们永远也不会知道答案。但可以肯定的是，霍尔为拯救汉森战斗到了最后一刻。为了让自己和队友一起走下世界的屋脊，他放弃了自己生还的机会。安迪·哈里斯也是一样，他听到队友呼救后重又爬上山脊回到希拉里台阶，最终失去了生命。

人们读到这些行动不禁满怀敬畏之情，为这样的英雄主义动容。每一名登山队员都能在困境中相互扶持、为救队友甘冒巨大风险，甚至为彼此牺牲。即使是因为先于队友返回4号营地而饱受诟病的阿纳托利·布克里耶夫（很多人认为这不公平）也在飓风的肆虐之下，不止一次、两次，而是整整三次冒着生命危险冲进风雪中，将3名饱受摧残的队友拖回营地。

然而，整个事件最能体现出的问题是：团队的道德素养再怎么弥足珍贵，也不足以救人于危难，无论多伟大的责任感和牺牲精神，都无法在一个高度复杂的环境下，在多元观点受到压制、关键信息无法有效流转的前提下，对决策的制定起到有效作用。

从罗伯·霍尔的角度来看，正是他在无意中构建起的统治型团队以及由此引发的动态反应机制，使得他在重大压力之下、在生死决策的关头，被剥夺了最需要获得的信息。

他为此付出了生命的代价。

IV

让我们离开珠穆朗玛峰，回到现实中来审视我们的日常决策。大部分情况下，我们最重要的决定都是在会议上做出的：工作会议、董事会会议、管理层会议、员工会议、早餐会议、视频会议，等等。世界各地每天都要开数以百万计的各种会议。

把事情放到会议桌上讨论，这个逻辑完全正确，毕竟人多智慧也多，但前提是参会人员要足够多元化。过去 20 年间，管理人员和下属的协作性活动增加了 50% 以上，但我们还是要面对一个发人深省却很少被提及的事实 —— 多项研究纷纷指出，会议的效率往往低得可怕。美国名校西北大学凯洛格管理学院的学者利·汤普森这么和我形容道："开会总不会有什么好结果，这比你说吸烟会引发癌症还要准。"[24]

汤普森教授专攻争端解决和组织学，她一生都在研究群体判断。十几岁时，由于目睹父母经历了一场痛苦的离婚，她开始对人际关系产生兴趣。她曾短暂考虑成为一名婚姻顾问，但最后还是决定研究更广泛的人际交往。

进入研究领域之后，她很快注意到了统治型团队中特有的动态反应机制。如果有一两个人占据主导地位，那么团队中其他人的想法就会被压制，尤其是偏内向的人员。如果掌握话语权的人又恰好是团队领导，那么情况就更糟了，大家基本上都在"鹦鹉学舌"地重复他的观点。她指出："证据显示，在一个典型的四人小组中，通常其中 2 个人掌控了 62% 的发言时间；六人小组中，一般3个人占到70%的发言时间。随着与会人数的增加，情况就越发糟糕。"事实上，由于这样的情况过于普遍，甚至还诞生出了一个新的说法，叫作"沟通不平衡问题"。汤普森说："最引发关注的一个现象是，发言最多的人通常不会意识到自己一直在说话，他们总是斩钉截铁地说会议上人人平等，大家发言的时间都差不多。这是因为他们常常缺乏这方面的自我意识。如果你非要指出这一问题，他们可能会生气，然后双方争得不可开交。"[25]

可见，大多数会议都不能确保人员之间的顺畅沟通。高层级人员掌控着会议内容的走向，普通参会者既不会主动分享关键信息，因为他们没有意识到别人并不知道这些信息，也很少说出自己的想法，而是说一些他们认为领导想听的话。在一项相关实验中，一个小组被要求从3名候选人中聘用1名经理。研究人员"装修"了候选人的简历，确保其中一个比另外两个好得多——更符合岗位要求、性格特质更好、契合度也更佳。随后，研究人员向招聘团队成员提供了候选人信息，但埋了一个小伏笔——每个小组成员都收到一个信息包，其中仅包含关于3名候选人的部分信息。也就是说，整个团队掌握了3名候选人的全部信息，但每个成员只掌握一部分。这意味着，只有当每个人都分享自己的所知，团队才能做出正确的决定。

结果如何？这个小组惨败，没人做出正确的选择。

这项实验很重要，因为它描绘出了大多数团队面临的情况：每个人都有能力献计献策（否则团队就不需要他们了），然而在群体决策的过程中却没能有效地表达意见；然后，群体中的某一个成员根据其掌握的有限的信息表达了某种偏向性，从而使得整个动态机制朝一个方向偏离；于是，人们开始分享能够证实这一观点的信息，并下意识地保留可能引发质疑的信息。这时候思维的多样性被吞噬了，造成了一种经济学上称为"信息瀑布"[*]的现象。

如果在这个实验中，招聘团队的全部成员都获得了所有信息，而不是每个人收到部分信息，他们就能做出正确决定。正如心理学家查兰·奈米斯所说："总体而言，群体决策的过程总是会导致我们苦苦追寻的多样化观点遭到压制。"

这带我们回到了上一章节讲到的观点。你可能还记得，在经济预测的任务中，我们取独立估计的平均值，可以得到非常准确的判断结果。这就是群体智慧的力量。这一现象在很多场景中都得到了验证，无论是宏观经济预测，还是要求学生估算伦敦地铁的长度。

但现在，假设那些推测地铁长度的学生不是独立将答案填在纸片上，而是按顺序说出答案。也就是第一个人先说出自己的估计值，然后第二个人继续说，以此类推。这时候，第一个人说出的答案不仅是一种估算，也是对所有人的一个暗示和信号。下一个人很可能会复制或者模仿这一猜测，进而继续影响第三个人。于是错误的估计不再相互抵消，而是关联在一起。

这是另一种信息瀑布的例子，它的作用力主要来自人的主观解读。当两个或两个以上的人给出相似的答案时，人们很容易以为他们都是独立得出了结果，从而增强了这一答案的信服力，并引导更多人给出相似的回答。这就是时

---

* 编者注：信息瀑布，又称信息级联，描述了当人们的选择受到前人信息的影响，放弃自己的观点，追随前人选择的一种现象。

尚、股市泡沫以及其他流行效应的来源。人群并不总是明智的，而是会变得极像一群克隆人。

这些信息瀑布也会发生在纯粹的社会环境中。心理学家所罗门·阿斯克的研究表明，人们之所以倾向于相信别人的答案，不是因为确信别人的答案是对的，而是不希望因为提出反对意见而显得粗鲁或者有颠覆性。所以回过头来，如果我们连陌生人的意见都难以反驳，我们又如何去反驳领导者的意见？

在经济预测的任务中，我们可以通过独立填写卡片来规避信息瀑布的问题，但在大多数决策场景中很难做到完全规避，比如解决问题、制定政策，等等。于是，辩论和探讨变得尤为重要，因为人们需要听取不同观点，检验不同视角。我们不能回避会议，所以必须了解会议的缺陷。

如果将每个人的错误滚雪球般叠加，而不是及时纠正，那么我们对于那些本质上存在严重缺陷的判断反而会越来越有信心。正如两位群体决策专家卡斯·桑斯坦和里德·黑斯蒂所说："很多时候，一个团队之所以会瞎摸乱撞，不是因为没有好好探讨，而恰恰是因为进行过探讨。公司、工会往往经过慎重讨论后，反而做出了灾难性的决策，政府机关也会如此。"[26]

这是一个让人捉摸不透又颇具讽刺意味的现象。我们一生大部分的时间都在积累专业知识，先是在大学学习，然后实习、接受在职培训，渐渐发展起自己的专业领域，获得知识，形成了自己对事物的看法。然而最后，我们却以一种集体"失声"的方式去做最重要的决策。

V

早期，谷歌曾决定取消所有的经理人员，创造一个彻底扁平的组织结构。因为他们发现，越来越多的证据指向了层级制度的弊端，必须加以改革。正如心理学家亚当·加林斯基和莫里斯·施韦策在他们的《朋友和敌人》一书中所说：

> 早年，创始人拉里·佩奇和谢尔盖·布林曾实施了一项开创性的实验：他们淘汰了经理制度，打造出一个完全扁平化的组织。这项实验的确让人大开眼界，而它受人瞩目的主要原因则是其失败的结局。没有了层级结构的组织开始变得混乱无序，于是佩奇和布林很快意识到，谷歌还是需要管理层来设定方向和推动协作。他们懂得了，即便是谷歌也需要一定的层级结构。[27]

其他研究也得出了类似的结论。哥伦比亚大学的研究者埃里克·阿尼奇带领的小组研究了 2000 年至 2010 年的一些时尚机构，并将它们的表现与行业标杆——法国贸易杂志《纺织》做对比。结果非常清晰：双人监管的机构不如单人监管的机构有创造力。[28] 正如加林斯基和施韦策所说："双人领导的机制会扼杀创意，因为它让人搞不清究竟谁说了算。"[29]

团队往往需要领导者，否则就会有决断不力或发生冲突的风险。然而，只有真正听取了团队内的不同意见之后，领导者才能做出明智的决策。所以问题就是：一个组织如何才能既保持层级结构又做到信息共享、既具备决断力又不损失多样性呢?

几十年来,管理学书籍都在讨论这个问题,但这些书都把层级制度和多元意见的吸取放在本质上的对立面,提供的解决思路就是把等级制度的这根轴稍微倾斜一些,使得统治型和多元化都沾点边。

但这样的观点忽视了一个关键问题:等级制度的确是人类群体的天性,我们无法忽视它;但是人类这个物种却独一无二地拥有着两种等级制度,而非一种。

*

1906 年到 1908 年,伟大的英国人类学家拉德克利夫·布朗曾在位于安达曼群岛的部落里生活。在那里,他注意到一个反常现象:有些人在狩猎群体中获得了影响力和一种让人服从的力量,但是他们并没有采取任何统治型的行为,他们的地位似乎是建立于其他因素之上的。他写道:

> 社会生活的运作规则还受到另外一个重要因素的影响,那就是对某些个人品质的崇拜。这些品质包括狩猎的技巧、大方仁慈、能够控制脾气,等等。如果一个人拥有上述品质,那么他总是能在群体中获得影响力。其他的人则会急于讨好他,帮着他造独木舟,或者和他一起组队探险。[30]

所以人们发现,领袖地位的获得并非源自对下属的威胁恫吓,而是通过获得尊重。等级制度最早不是源于统治行为,而是类似于一套界定清晰的社会机制。拉德克利夫·布朗认为，这套机制稳定且协调一致，有自成一体的姿态、行为和表述。布朗发表自己的观点之后，本以为这一描述会被当作某一特定部落的特定特质，但一些人类学家已经意识到：很多其他族群也存在类似的动态反应机制，只是一直没有被重视。比如澳大利亚土著人、玻利维亚亚马逊河的茨曼人、马来西亚的塞麦人，研究人员在上述族群中都观察到了类似现象。

生活在西方的人类学家也注意到了这一现象，他们发现：无论是正式还是非正式的领导者，都不会强求下属的尊重，而是主动赢得尊重；不会通过侵略性行为获得地位，而是凭借智慧；不会威胁恫吓下属，而是以解放他人的姿态进行沟通。

心理学家也尝试着在社会实验中寻找这样的动态机制，并发现了一种区别于统治型制度的新型等级制度。这种制度可以从人们解决问题的行为方式上观察出来，就算是局外人也能一目了然。而且，这种新的社会地位形态存在于不同的文化、部落和民族之中。

为了区分出这种有别于统治型地位的社会地位，心理学家给了它一个新名字：威望。[31] 哈佛人类学家约瑟夫·亨利克在一篇被广泛引用的关于威望的合著论文中指出："统治型和威望型很容易区分，可以通过行为、姿态和情绪来进行预判。两种类型都能带来一定的社会地位。"[32]

我们可以在下表中看到两者的不同特征（内容摘自约瑟夫·亨利克和心理学家乔恩·马内尔的研究）：

领导者类型 比较项	统治型领导者	威望型领导者
历史	始于远古，至少可以追溯到人类和其他非人类灵长类动物的共同祖先。	人类特有，出现于较小的狩猎族群。
下级遵从的原因	被迫遵从。	自愿遵从。
施加影响的方式	胁迫、恐吓、侵略行为和对奖惩机制的操纵。	真正说服、表达尊重、表达好意、做团队的模范。
对社会关系的态度	为获得地位，以机会主义的心态短暂利用社会关系。	与其他团队成员建立真实持久的社会关系。
个性	自恋、傲慢。	有发自内心的自豪感。
下级对领导者的态度	用目光追踪领导者，但避免直接的眼神接触，不敢凝视。	注视着领导者，精力集中，认真观察和倾听。
下级与领导者间的距离感	避开领导者，保持距离以防止受到伤害。	主动与领导者接触，保持密切度。
下级的外表形象	低人一等的样子，肩膀下垂，微蹲，避免凝视。	肢体舒展，注视着威望型领导。
上级的外表形象	肢体舒展，挺胸，站姿占据空间大，手臂张开。	类似于统治型领导者，但相对沉默，站姿占据空间相对较小。
社会行为	攻击性，自我膨胀，以自我为中心。	亲社会，慷慨，合作。

为什么威望会在人类社会得以孕育进化？为什么一个有威望的人从一开始就愿意分享知识和见地？把智慧藏为己有不是更有利吗？对这些问题的解释涉及很多方面，但核心关键点很简单。请记住：人们遵从和效仿统治型领导者是出于恐惧，但对于威望型领导者的遵从则是出于自由意志，有威望的人会被视为榜样。

这样一来，威望型领导者对别人的慷慨行为会被效仿，最终使整个群体朝着更具合作性的方向演化。威望型领导者或许将自己的部分资源赠予了他人，但会因为更广泛群体的普遍慷慨行为而获益。这一点在互助行为扩大总体回报的环境下——"正和"环境中尤其重要。这也恰恰是威望型等级制度最初发展起来的人类历史背景。

统治型等级制度则有着截然不同的内在反应机制。由于一个人的层级上升意味着另一个人的层级下移，这强化的是一种"零和"关系，常常表现为人际政治、背后捅刀、利益互换，以及防止内部竞争的行为。例如，黑猩猩就非常擅长战略性结盟以挫败内部对手，因为"地位之争的赢家往往是那些有信心挑起正面暴力冲突，且能得到充分社会支持的猩猩"。[33]

这就解释了为什么威望型领导者往往不会对下属"龇牙挥臂"。相反，他们会巧妙运用"自轻"的方式，表达自己希望实施另一种团队运作机制的态度。他们会把自己的想法解释得很透彻，因为他们知道，只有在充分理解和认同的情况下，下属才能凭借自己的判断力和应变力更好地工作。他们也会听取周围人的意见，因为没人会聪明到不需要取别人之所长。

乔恩·曼纳认为：统治和威望不应被视作两种不同的人格类型，而应该被看作两种领导技巧。统治型领导方式作为一种技术，其实至今还保持着它的逻辑正确性。如果你做了一项决策，且不能逆转时，就需要发挥统治型领导风格，想办法激励团队把事情做成。这时候，听取不同想法就是耗费精力。但是，在评估项目或提出新见解而非执行决策时，统治型领导方式就会被机制本身的矛盾性所累，让团队得不出有效结果。这时候威望型领导方式所带来的动态效应就变得尤为重要，因为人们需要一个开放的环境，能直言不讳、充分表达意见，且不会因建言献策而被视为威胁，从而遭到领导的报复。

这一分析与现代组织研究中最具影响力的概念之一——"心理安全"非常吻合。在一个被认为符合"心理安全"的组织环境中，人们可以提出自己的建议，承担合理的风险，且不会担心招致报复。以威望为导向的领导风格与心理安全之间必定有着天然的联系，但现在，让我们先关注同理心的作用。

一方面，统治型领导者显然带有惩罚属性，这是他们赢得并维持权力的方式。他们不觉得自己需要别人，也没有采纳别人观点或者解读别人心性的需求，所以这类领导者很少有同理心。另一方面，威望型领导者意识到明智的决策取决于团队的智力输入，所以会很关注他人的言语和想法，这样一来团队的信任感就得到了强化。乔恩·曼纳说："与威望相关联的是更多的同理心和信息共享，这有助于提高集体智慧。"[34]

谷歌公司曾做过一项调查，旨在找出一些团队的业绩表现优于其他团队的原因。调查发现：心理安全是推动成功的最重要因素，这一结果后来也被广为援引。[35]调查报告指出："心理安全是我们发现的迄今为止最有作用的动态机制，它几乎影响到我们在员工身上观测的所有重要维度。心理安全度较高的团队，其成员更能驾驭团队内部不同想法的力量，能创造更多收入；他们不太可能离开谷歌，且被高管评为高效员工的概率是其他团队成员的两倍。"[36]

但讽刺的是，大部分的工作环境里都缺少心理安全。一项针对零售业和制造业的研究发现：经常提出新想法和表达顾虑的员工获得加薪或升职的可能性会大大降低。对女性的类似惩罚更明显，因为公开发表意见的做法被认为有违性别特征，尤其对于那些既属于少数族裔又是女性的员工，这种情况就会更加严重，心理学家称之为"双重危险"。心理学家查兰·奈米斯写道："我们害怕因提出异议而遭到嘲笑或者拒绝，于是开始犹豫，低下头保持沉默。然而不把观点说出来一定会带来苦果。"

正因如此，新一代的领导者开始越来越多地采纳威望型领导方式。这套方法对于斯坦利·麦克里斯特尔将军如何扭转和"基地"组织的对抗格局，以及微软 CEO 萨蒂亚·纳德拉如何帮助微软公司重获新生等事件，都起到了十分关键的作用。新西兰总理杰辛达·阿德恩在上任不久后曾说过："施展同理心并不简单，它需要你有足够的威望和力量。"尊重不是你下命令就能强求而来，它源于一种自发的心愿。

萨蒂亚·纳德拉说："领导者总是不太喜欢征询别人的意见，尤其是对那些所谓异见者，生怕这会破坏权威。但是他们都错了，因为对大多数人来说，如果你给他们机会做贡献，他们反而会更有干劲。这会提高团队的积极性，增强创造力，最终提升整个组织的潜能。"[37] 乔恩·马内尔说过："威望型或者统治型领导法都有其特定的使用时机和使用场景，聪明的领导者懂得如何在两者之间游刃有余地切换。比如在执行一项具体计划时，支配力最为重要。但是，在拍板一项新的战略、预测未来，或者寻找创新点时，你就要听取不同的意见。如果这时候你还一味玩孤高，结果肯定是灾难性的。"[38]

除了创建一种心理安全的文化之外，"高精端"组织还开始引入一些特定的机制来保障沟通，其中最著名的是亚马逊公司的"黄金沉默"。十多年来，这家科技巨头的会议都是以全员静默开场，而不是通常的PPT演示或者互相寒暄逗趣。在这静悄悄的30分钟里，团队成员一般会阅读一份6页长的备忘录，它用叙述的形式概括了所有主要议程。

这么做有很多好处。首先，这意味着提议者肯定已经对自己的提案有一个深度思考的过程。就像亚马逊CEO杰夫·贝佐斯所说的那样："为什么写一份优秀的备忘录要比写20页PPT更难，因为备忘录使用的是叙事体，这就使得人们不得不更用心地去思考和弄明白，究竟什么比什么更重要。并且，备忘录的句子结构很完整，有主题句，有动词和名词，而不仅仅是对概要的简单罗列。"

但这个会议技巧之所以如此奏效，还有一个更深层次的原因——它让人们在听取众人意见之前，先有机会形成一套自己的思考逻辑。也就是与会者先不进行互相讨论，而是被给予足够的时间和空间，通过分析提案的优缺点来形成自己的一套想法、观点和逻辑思路。这样一来，不同人的不同观点就不容易被埋没。最后，在讨论真正开始时，亚马逊也会安排最资深的成员最后一个发言，这是另外一种保护思想多样性的技巧。

上面提到的这些小技巧，被亚马逊副总裁布拉德·波特在领英的一个帖子里描述为这家全球顶尖公司的重要战略优势之一。他说："我相信公开这个会议流程并不算是泄露亚马逊的天机，但如果我告诉你，正是这样的创新做法才使得亚马逊跑得更快、规模更大、决策更好，那我可能就透露得太多了。"[39]

还有一个技巧叫作"头脑写作"。它和头脑风暴一样，目的也是催生出创造性的想法。只不过它不是让大家大声说出来，而是要求团队成员先把想法写在卡片上，然后贴到墙上，以便于其他人投票表决。"这样一来，每个人都有了建言献策的机会，"凯洛格管理学院的利·汤普森向我解释说，"通过这个方式，你可以收获每个大脑的输出，而不是仅仅听一两个人的观点。"[40]

汤普森认为，"头脑写作"只需遵循一条原则：任何人都不能在献言上暴露身份，比如，营销总监不得在卡片上提到自己的关联客户。"这一点极为关键。"汤普森强调说，"通过彻底的匿名提议，你就可以将观点本身和提出观点的人隔离开来，从而建立起一种以提案优劣为唯一标准的评价体系。人们是在为提案的质量而不是提议人的资历投票，不用讨好任何人。这构建了一种新的动态机制。"

在对这些想法投票表决之后，与会人员被分成4人一组，"进入下一环节"——归纳想法，或者激发新的思路。汤普森说："通过这样的循环迭代，头脑写作又转化成了一种人人都可以参与的、交互式的团队会议。"将头脑写作与头脑风暴结合使用，能够激发出两倍多的新想法，并通过独立评审的机制，催生出更高质量的提案。为什么会这样？道理很简单。头脑写作摆脱了统治型体制下的"枷锁"，真正释放出了思想的多样性。

瑞·达利欧就是用同样的方法，缔造出了世界上最成功的对冲基金公司之一——桥水投资公司。据说，该基金依据200多条行为准则来开展经营运作，但归总起来，主旨不过一句话：允许不同思想的表达。达利欧用"极端透明"来形容这种机制。在这样的文化下，人们不会害怕表达自己的想法，甚至将其当作自己的一种责任。正如达利欧在接受采访时所说的："人类最大的悲剧在于无法拥有思辨及反对的能力，并因此遗失了真相。"[41]

还有一家公司是这么做的：他们让每一个被邀请参会的人员都提交一页纸的个人观点，作为参会的"门票"。届时，这些纸会被打乱，分发给在座人员，并被随机朗读出来。这是另外一种将观点与发表观点的人隔离开来的方法。

这些小技巧表面上各不相同，但核心要素都是一致的：保护认知多样性，使其免受强权控制。

VI

2014年，南加州大学心理学家埃里克·M.阿尼奇从56个国家的30625名喜马拉雅登山者那里收集了超过5100次探险的数据。这是有史以来对高山攀登活动进行的最大规模分析。研究人员最感兴趣的一个问题是：统治型领导方式会更容易导致灾难吗？[42]

鉴于登山者分散在世界各地，且很多探险活动发生在若干年前，他们很难直接评估登山队的等级制度。但是研究小组做了一件极其聪明的事情——研究登山队员的国籍。有些国家的文化很尊重权威人物，那么一般来说这类国家的登山者就不太会大胆发言；但有些国家的容忍度高，甚至鼓励人们和领导层对话，这类国家的登山者就更敢于表达想法。

国家文化上的微小差异真的能在数据中体现出来吗？这会在死亡人数中反映出来吗？随着调查的深入，结论变得很清晰：倾向于统治型机制的团队"死亡概率更高"。这一发现不适用于单独登山的案例。只有当团队来自等级鲜明的国家时，这一问题才会表现出来。所以说关键问题不在于个体攀登者的技能如何，而是在于团队成员如何互相沟通。这项研究的合作者之一亚当·加林斯基曾写道：

> 在等级分明的文化里，决策往往是一个自上而下的过程。这些国家的人在遇到险情时遇难的概率较高，因为他们不习惯于发表观点，也不太会在情况发生变化或者遇到迫在眉睫的问题时及时提醒领导者。这些登山者不表达意见的做法维系了团队的秩序，却将他们自己置于险境。更重要的是，我们区分了团队与个体。我们发现，在一群人必须要有效沟通才能脱险的情况下，等级文化带来了灾难。[43]

这一发现被作为珠穆朗玛峰登山灾难的一种解释，并得到谷歌实践、人类学数据、实验室研究等的多重印证，很令人信服。正如亚当·加林斯基所说："喜马拉雅山脉的环境凸显出了导致复杂决策的一个关键因素——不断动态变化的环境。当环境发生急剧变化时，人们必须加以适应并提出一个新的计划。在这种情况下，我们需要每个人的视角，但是等级制度会压制人们的观点表达，导致悲剧。"[44]

值得重申的是，这些都不意味着等级制度的观念已经过时。毕竟，大部分团队都是在系统性的指挥下运作更佳。等级制度创造了分工，让领导者专注于大局，让其他人忙于细节执行，并确保团队成员能够协调行动。如果没有层级结构，一个团队的人可能终日都在争辩下一步该做什么。这会打乱工作节奏，引发风险。

但真正要做的不是在等级制度和多样性之间二选一，而是要学会兼顾两者的优势。正如加林斯基所说：

> 在复杂任务中，从驾驶飞机到做手术，再到决定一个国家是否应该开战，人们需要处理和整合大量的信息，同时想象无数的未来可能场景……所以，想要做好复杂决策，必须从各个层级的人那里挖掘想法，向每一个能够贡献所知所想的人学习。

*

让我们用或许是最具讽刺意味的一些发现，来对等级制度的分析做一个小结。一项权威心理研究显示：人类总是厌恶不确定性，不愿对生活失去掌控。在面对不确定性时，我们常常试图通过信任一位有能力恢复秩序的统治型领导者来重新获得控制感。这有时候被叫作"补偿性控制"。

比如在一战结束后的世界乱局中，像德国、意大利这样的独裁国家就随着经济不稳定性的加剧而快速崛起。马里兰大学主导的一项研究分析了超过30个国家后发现，当安定和安全受到外部作用的威胁时，人们都会寻求更森严的等级制度来加以应对。[45]

如果这看起来有点抽象，想想你上一次在飞机上经历剧烈颠簸的情况。你小声祈祷了吗？这是一种典型的寻找补偿性控制的情境。身陷不确定事件当中，你会把恢复确定性的希冀，寄托于一种强大的力量之上，哪怕这种力量是看不见的神明。你也知道这不太可能使飞机变得更安全，但这么做就是能让你感到更安全。

这样的情况也会发生在组织当中。当一家公司面临外部威胁或者经济不确定性时，股东就更可能任命一名统治型的领导；在不稳定的时期，统治型人格的职员会升职很快。强有力的声音和专制性的人格会驱散无力感，支撑整个组织。

这留给了我们一个危险的悖论。当环境复杂且充满不确定性时，仅凭一个大脑——即便是一个占主导优势的大脑——是绝对不足以解决问题的，这个时候最需要多样化的声音来最大限度发挥集体智慧的作用。然而也恰恰是在这个时候，我们会不自觉地选择"投向"统治型领导所带来的具有迷惑性的舒适区。因此，统治地位的产生不仅与领导者本身有关，也与团队成员们的愿望相关。事实上，那些天性想成为统治型领导者的人，在团队开始失去对局面的控制时，会自然而然地逐渐走向统治地位，但是这会带来灾难性的后果。

罗伯·霍尔是个令人钦佩的人。人们了解他越多，就越理解为什么他会如此受到同行者的敬畏。一篇写于珠峰灾难发生不久后的讣告记录下了他的英雄事迹："身体冻伤致残，缺少氧气、食物、水和遮蔽物，他于那天晚上去世。他为了拯救体力耗竭的登山队员而丧生珠峰，这段事迹使得他无可争议地成为世界上最受尊敬的喜马拉雅商业探险领队。"[46]

霍尔不是天生的"统治者"。他包容开放，几乎所有认识他的人都很喜欢他。但问题在于，他坚信在自己职业生涯里最具挑战性的登山行动中，统治型的领导风格将非常有利。此外，团队曾经遭遇极端动荡环境，这使得他在团队成员的鼓励下更加坚定了以统治型风格领导团队的想法。实际上，这种无意识下形成的动态反应机制，每天都在各个公司、慈善机构、工会、学校中发生、发酵，只不过在高风险的珠峰攀登活动中，它的"恶果"被体现了出来。

罗伯·霍尔最后一次与大本营连线通话时正深陷东南山脊的暴风雪之中，同伴告诉他可以帮他连线新西兰家中的妻子简，简当时怀胎7个月，那是他们的第一个孩子。霍尔请求给他一些时间平静一下，他当时已经知道自己无力回天，但不想把迅速恶化的状态传导给爱人。"给我一分钟，"他说，"我嘴巴很干，和她说话前我得先咬一口雪。"

最后，霍尔湿了湿嘴说："嗨，亲爱的。我希望你正躺在温暖的床上……"

"我无时无刻不在想念你，"简回答道，"我期待你回家，让我把你照顾好。不要觉得自己很孤单，我把我的积极能量全都传给你。"

在南峰垂直125米的高坡上，他的朋友道格·汉森和安迪·哈里斯都去世了，飓风还在他周围肆虐，霍尔说了最后一句话：

"我爱你。好好睡吧，亲爱的。不要太担心。"[47]

突破！突破！突破！

I

无论从哪个角度衡量，大卫·达德利·布鲁姆都算是一个了不起的人。他1922年9月20日出生于宾夕法尼亚州，第二次世界大战期间曾在海军服役。有报道称，他在1944年12月的新几内亚战役期间负责指挥"美国自由号"军舰，当时他才22岁，是舰队中最年轻的指挥官。

1945年退伍后他从事过很多工作，在律所当过文员，也在百货公司当过采购员，后来成为小型玩具制造商AMSCO的产品研究总监。或许是因为经历过战争，他力主撤掉军事题材的玩具产品线，并在1950年的一次访谈中这么解释道："如果教给孩子们战争和犯罪，那我们也就没有什么光明的未来了。"

他的第一大创意是"魔法牛奶瓶"：把奶瓶倒过来的时候，牛奶似乎从瓶子里消失了。他还设计了一些日常消费品的微缩版，比如迷你厨房用具等，这样孩子们就可以在游戏中扮演厨师的角色。

但直到1958年，布鲁姆才找到一个既改变自己人生也改变了整个世界的好创意。

布鲁姆提前几个月和 AMSCO 解约,加入了位于宾夕法尼亚埃尔伍德市的"大西洋行李箱公司",成为产品总监。正是在那里工作期间,他灵光一闪:为什么不能给那些笨重不堪、甚至让自己搬到背痛的手提箱装上轮子?有轮子的话箱子就更容易挪动,这样旅客不仅可以省下昂贵的行李搬运费,在路上行走的时候也不用总是考虑什么时候该换一只手提行李了,毕竟到最后,也就是在某只手一直酸痛和两只手交替酸痛中做个选择。更重要的是,对于一个不断迈向交往互通的世界来说,这不是一个完美的设计方案吗?

他把自己这件创意产品的设计原型——一个装有脚轮和把手的手提箱——拿到了大西洋行李公司董事长的面前。布鲁姆对产品满怀期待,几乎欣喜若狂。毕竟,这款产品的制造成本不高,与公司现有的设计和分销渠道非常契合,可以算是这一行业历史上毋庸置疑的"稳赚不赔产品",公司甚至能一举主宰价值数十亿美元的全球市场。

董事长的反应如何?他用了"不切实际""笨重"等形容词,甚至嘲笑说:"谁会想买有轮子的行李箱?"

2010 年,英国考古学家和历史学家伊恩·莫里斯完成了一次对创新史的开拓性研究。他的研究工作一直以全面透彻著称,这一次,他探索了从公元前1.4 万年到今天的历史,仔细列出了人类的每一次重大飞跃及其带来的结果。

这些重大事件不难锁定,比如动物的驯化、宗教的诞生、文字的发明,等等。莫里斯发现:对于"究竟哪一次变革对人类的影响最大"这个问题众说纷纭,每个答案的支持者都有他们的一套理由。但莫里斯希望得到一个客观的答案，为此他煞费苦心地对推动社会发展的各种创新突破进行了量化。他将"创新"定义为"一个群体充分利用其物质和智力环境，把事情做成的能力"，这个观点与实现经济增长的逻辑十分一致。[1]

研究结果显示，人们提到过的所有创新突破都曾实实在在地影响过社会发展。在长达千年的时间里，这条曲线平缓地向上延伸。然而只有一次变革真正独领风骚，将曲线从几乎水平拉到近乎垂直，那就是工业革命。莫里斯写道："西方世界自1800年以来主导的这次革命，是对世界早期历史上所有的所谓'巨变'的一次嘲弄。"麻省理工斯隆管理学院的两位教授埃里克·布林约夫森和安德鲁·麦卡菲也深表赞同："工业革命开创了人类的第一个机器时代，人类的进步第一次由技术创新所推动。这是人类历史上从未有过的深刻变革。"[2]

但这段曲线上有一个异常现象。当历史学家将这一变革放大，观测曲线的具体细节时，他们发现了一些奇怪的东西。

工业革命的第二阶段是在19世纪末随着电气化而到来的，这意味着电机可以取代当时陈旧、效率低下的蒸汽机。电机带来了生产力的第二波提升，它对我们生活的影响一直延续至今。但有一件事很奇怪，这波增长实际上是延迟的。电力的影响并非立竿见影，而是有一段静止不动的"孕育"时期，直到大概25年后才实现飞跃。或许最不可思议的事情是，美国很多极其成功的公司本来有从电气化中获益的绝佳机会，却完全没有迈出这一步。相反，很多公司在这个时期破产了。他们与胜利相逢，却生生擦肩而过。

值得注意的是，电力所带来的巨大红利不仅仅在于它提供的动能，还在于对整个生产流程的重塑。在一家传统工厂，机器先是被安装在水源边上，后来是在蒸汽机旁。将整个生产流程挂链于一种动力来源，各类机器通过一组精心设计但往往不可靠的滑轮、齿轮和曲轴连接起来，这种扎堆操作的方式效率极低。[3]

电气化的到来给制造流程松了绑。电机的尺寸虽然小，却不会影响效率，机器只需要接上电源即可，这使得整个工厂可以依据最有效的原材料加工过程进行布局。与单一的动能装置（如蒸汽机）不同，电力创造了集体力量，这个优势非常明显，就像是给手提箱装上了轮子一样。正如埃里克·布林约夫森和安德鲁·麦卡菲所说："如今，你要是换一种其他方式去制造东西，那简直是荒谬。事实上，很多机器甚至在设计中内置了多个电机……显然，电气化让一家工厂的效率获得了无可比拟的提升。"[4]

当时，电气化简直像上帝的礼物，所有主导美国制造业的公司都获得了提高效率的利器。他们有现成的工厂、现成的机器，现在还有了现成的技术——电力。有了电力，他们可以提高产能、精简运营、开辟新的增长渠道。

但他们并没有这么做，很多公司仍然坚持在动力源附近扎堆操作的方式，这让人不禁联想起最早放弃滑轮行李箱的公司，同样不可思议。这些工厂没有精简运营流程，而是在工厂中央丢了一台大型电动机，仿佛电机的作用不过是取代蒸汽机的位置。这种操作方式完全不着要点，显得莫名其妙，最终的结果当然也是灾难性的。经济学家肖·利弗莫尔发现，1888 年至 1905 年成立的工业信托公司，有 40% 以上在 20 世纪 30 年代初倒闭。[5]经济史专家理查德·凯夫斯的一项研究发现，勉强生存下来的公司规模也缩水了三分之一以上。这是工业史上最残酷的时期之一。[6]

这样的"悲剧"在不断重演 —— 拿着一副绝好的牌，却最终输得一败涂地。

后来，一位富有进取心的企业高管伯纳德·萨多又一次将轮式手提箱的概念推向市场，可是市场的二级受益方 —— 百货公司，似乎也决心丢掉这块利润丰厚的蛋糕。萨多是在 1970 年一次家庭度假时想到这个主意的，他当时在机场艰难地搬着两个沉重的手提箱。他事后回忆说："（装轮子）就是一件顺理成章的事情。"

然而，当他把这个想法带到纽约的各大商店，希望为商人们带来源源不断的新收益时，却被泼了冷水。这和达德利·布鲁姆的经历完全一样。"所有的大型百货公司听到这个建议，都把我赶了出去，"萨多说道，"他们以为我疯了，竟然要拖着行李箱走……毕竟那时候，男人喜欢彰显男子气概，他们总是要帮妻子提行李。"[7]

最后，他好不容易遇到了梅西百货公司的副总裁杰里·利维，并达成了交易。利维打电话给几周前拒绝采购这款行李箱的采购员杰克·施瓦茨，督促他下单。后来的事实证明，顾客对这项新发明一点儿也不抵触。"人们立即接受了它，"萨多说，"他们可以看到箱子带来的便利。交易额蒸蒸日上，简直棒极了。"

回到电气化的历史，这比轮式行李箱的发展历程更违背逻辑。那些工业信托公司的高管绝不是笨蛋，他们都是早期的职业经理人，因为头脑够精明才脱颖而出。然而，他们却把一个黄金增长机会，生生变成了一场史诗级的灾难。正如埃里克·布林约夫森和安德鲁·麦卡菲所说："在 20 世纪的头几十年里，电气化导致美国制造业几乎全军覆没。"[8]

II

到目前为止，我们主要探究的是多样性如何帮助提升集体智慧，其应用场景覆盖了从问题解决到破解密码的方方面面。在本章中，我们将看到多样性最重要的应用场景——开展创新创造。对促进团队发展而言，这也是最有帮助的行为。

在这一章的后半部分，我们将从更加宏观的角度来看待多样性，考察为什么有些公司和社会组织相对更具创造力，以及我们如何利用多样性来促进经济繁荣。不过首先，我们会关注个人。为什么有些人欢迎变革，而有些人惧怕变化？为什么有些人掌握了不断重塑的艺术，而另一些人总是固守现状？

创新专家通常会区分两种不同的创新类型。一种是通过方向明确、可预见的步骤，逐渐深入到某个给定的问题或领域。比如戴森公司的创始人詹姆斯·戴森，他不断地改进吸尘器的设计，逐步调整和改变他著名的旋风分离器的尺寸，以改良灰尘与空气分离的方法。每诞生一款新产品原型，他对于分离效率的认识就更深入了一层。每迈出一步，他就对这一小小科学领域有了更全面的理解。每一次新的实验，都让他离产品功能的实现越来越近。这种创新有时被称为"渐进式创新"，它是对现有思想的不断修订改进，很清晰地展现了在明确界定的范围内学习知识的进阶过程。

另一种创新方式就是前文中两个例子里所讲到的，所谓"重组式创新"。你可以从不同领域把本来不相关的想法融合在一起，比如轮子和手提箱的结合，发电机和全新生产线布局方式的结合。组合创新总是看起来很有戏剧性，因为它在不同的领域之间架起桥梁，或者完全打破隔阂，创造出全新可能。

这两种创新形式的逻辑和生物进化很相似。我们可以把渐进式创新想成物竞天择，每一代都会发生一些微小的变化；重组式创新更像是有性生殖，两个不同有机体的基因结合在一起。虽然两者都很重要，但科学作家马特·雷德利有力地指出，我们其实长期以来一直低估了重组式创新的威力。他写道：

性是生物不断进化的原因，因为它把不同个体的基因结合在了一起。在一个生物身上发生的变异，可以和另一个生物身上发生的变异相结合……如果微生物没能在几十亿年前交换基因，如果随后的动物也没能通过性来继续这一基因交换，那么所有基因就不可能汇集到一个动物身上，更没法造就腿、神经或大脑……当然进化也可以在无性的状态下发生，但是速度会缓慢很多。

文化也是如此。如果文化的塑造单纯是一个人向另一个人学习某种习惯，那么文化的发展很快就会僵化。文化要推陈出新，就必须是思想之间的碰撞和繁衍。人们总爱说"思想的交叉融合"，而这正是在无意识间造就思想的繁衍力。分子生物学家弗朗索瓦·雅各布说过"创造就是思想重组"。[9]

雷德利对于重组式创新有一个形象的说法：这是思想与思想的繁衍。

历史上涌现出了大量重组式创新的案例，比如印刷机，它将葡萄酒压榨方法、软金属造模技术和活字印刷等多种技术融合在一起。其实，重组式创新始终都伴随着渐进式创新，不过在最近几年里，这二者的天平发生了剧烈倾斜，重组式创新不仅在科学领域有所作为，在工业、技术及其他多个领域内都是推动创新变革的主导力量。

要感受这种主导力量，可以参考美国西北大学凯洛格管理学院布莱恩·乌齐教授领衔的一项研究。他查阅了世界上最大的科学知识库——科学网（Web of Science）8700 种期刊中的 1790 万篇文章 [10]，目的是弄清楚什么创造了伟大的科学，那些热门创意集中在哪里。

他发现，最具影响力的论文是那些被研究者称为"非典型主题组合"的论文，也就是跨越传统学科边界的论文。这些论文融合了物理学和计算、人类学和网络理论、社会学和进化生物学等，是真正意义上科学领域的"思想繁衍"。这些论文突破了学科主题之间的思想壁垒，创造了新的观念和可能性。

正如乌齐教授所说："很多这种新型组合的'部件'，实际上就是各自领域中非常传统的两种观念。你吸纳了优秀的经典想法，这是一个很好的开始，科学上必须这么做。但当你把它们结合在一起时，天哪！你突然就有了一个完全崭新的东西！" [11] 行为经济学就是一个典型例子，它把心理学的概念和理论引入经济学领域，让经济学的面貌焕然一新。

然而这不限于科学领域。美国专利商标局有非常广泛的专利类别，比如公共事业专利（灯泡）、设计专利（可乐瓶）和种植专利（杂交玉米）等，涵盖了 474 种科技品类和 16 万个专利代码。在 19 世纪，大部分专利只用一个代码来分类，因为大部分发明都属于一个范畴，通常都是渐进式创新的产物。如今，按单一代码分类的专利数量占比已降至12%，绝大多数专利都跨越了传统的边界和代码范畴。[12] 正如密歇根大学教授斯科特·佩奇所说："这些数据展现了将多种思想组合起来的价值，反映出了以重组作为创新驱动力的明确趋势。"[13]

重组式创新与多样性之间的联系显而易见。重组就是一种"异花授粉"的过程，它跨越整个问题空间，把完全没有关联的想法结合到一起。我们可以称它为"多样化思想的组合"——将旧与新、陌生与熟悉、外在与内在、阴和阳融合在一起。

这一趋势，在拥有庞大互联网络的计算机时代反而得到了加速发展。比如很多人都在用的导航软件Waze就是重组式创新的典型例子，它结合了位置传感器、数据传输设备、全球定位系统和社交网络的功能于一体；再比如研发自动驾驶汽车技术的公司Waymo，它汇集了内燃机、快速计算、新一代传感器、各类地图和街道信息及其他各类技术。[14]

的确，几乎所有的技术创新都融合和链接了各种不同的想法、思考、概念、技术、数据组等。社交平台脸书也是如此，它将现有的网络基础设施与相关技术结合，使人们能够建立数字化社交网络和共享媒体。照片墙（Instagram）则将脸书的底层概念与智能手机应用程序连接起来，提供了让用户使用数字过滤器美化图片的功能。这样的例子还有很多。

重组已经成为数字化创新的主流方式。随着每一种新组合的诞生，更多组合方式开始渐渐出现在生物学家斯图尔特·考夫曼所称的"邻近可能性"之中。新的可能性被打开，新的前景开始出现。埃里克·布林约夫森和安德鲁·麦卡菲这样写道："数字化创新是重组式创新中最纯粹的一种形式，每一项发展都成为未来创新的基石，这样的基石取之不尽、用之不竭，不断为未来创造出更多的重组式创新机会。"[15]

但这也留给了我们一个沉重的思考：为什么有些人能够抓住重组式创新的机会，而有些人却对机会置若罔闻？比如前文提到的手提箱和电气化的例子，各类技术的最佳组合被最可能从中受益的人拒绝。这反映出的是一种更深层次的思考模式问题。很多人认为创造变化是很艰难的，但这不是因为重组式创新真的超出了我们的能力范围，而是我们拒绝看到由此带来的可能性。人们在内心深处总是认为，创新是有创造力的那类人该做的事，或者是硅谷科学家们该做的事，于是就本能地拒绝了那些本可以让生活和工作更有成效的变化。

但有那么一群人似乎完全没有这样的思维限制，这些人就是我们津津乐道的那些成功故事背后的主人公，他们给所有人上了重要一课。

III

看看下面这些名字：雅诗·兰黛、亨利·福特、埃隆·马斯克、华特·迪士尼和谢尔盖·布林。你能看出他们有什么共同点吗？从表面上看，他们都是著名的企业家，对美国社会产生了深远影响。但再深入一点，你会发现他们全部都是移民，或者是移民的后代。

2017 年 12 月公布的一项研究显示，财富 500 强中 43% 的公司都是由移民或移民子女创办或共同创办的。在排名前 35 的公司中，这一比例升至 57%。这些公司为全世界创造了 5.3 万亿美元的收入，并在全球范围内雇佣了 1210 万员工，覆盖技术、零售、金融、保险等各个领域。[16] 这不是一个孤立的发现。移民为技术、专利生产和学术科学做出了非同寻常的贡献。《经济展望杂志》2016 年刊登的一篇文章显示，过去几十年里，生活在美国的研究人员斩获了 65% 的诺贝尔奖。这些创新者都是什么样的人？他们一半以上出生在海外。[17]

不同的研究结果表明，移民成为企业家的概率是普通人的两倍。[18] 移民人口占到美国总人口的 13%，其中 27.5% 的人选择自己创业。另一项由哈佛商学院进行的研究显示，移民创办的公司相对成长更快，生存时间也更长。[19] 更有一项研究表明，2006 年至 2012 年在美国创办的所有科技和工程公司中，约四分之一的公司至少有一名移民联合创始人。[20] 这些数据不仅仅是在探讨进入美国的移民，更是在探讨他们创造的财富。2012 年的"全球创业监测"（Global Entrepreneurship Monitor，简称 GEM）数据显示，在接受调查的 69 个国家中，绝大多数国家的移民者比本地人参与了更多的创业活动，特别是高增长企业。这些研究本身并没有得出什么共通的结论，但它们所呈现出的共通态势却很具有说服力。

现在，回想上一节讲到的例子。为什么老牌行李箱公司看不到给箱子装轮子的好处？为什么经验丰富的制造企业想不到将电气化融入装配线的流程改造？为什么最直接的受益者却往往会对创新的机会视而不见？是不是因为当你已经习惯于某种范式后，就很难再突破它？想想 20 世纪 50 年代美国行李箱公司职员们的状态：他们一直在经营传统行李箱，整个职业生涯都在和没有轮子的行李箱打交道。他们的生活已经被困在了这种范式当中，这成为他们世界观的一部分，成为他们最基本的参照框架。至于大型工业公司的高管和老板，同理，他们的整个职业生涯都在和蒸汽机打交道。

特定的范式已经成为这些人思想观念上的"地心引力"，成为他们过滤想法和衡量机会的方式，在他们内定的前提之下，其他所有东西都围绕着那个范式运行。也正是因为对现状的深度熟知，使得这些人很难在心理上打破和重构这种稳定状态。

正如埃里克·布林约夫森和安德鲁·麦卡菲所说：

> 正是因为现任者如此娴熟和内行，以至于他们陷入了现状的"枷锁"，无法预见未来，也无法看到新技术尚未实现的潜能和可能的演进方向……现有的流程、客户和供应商都在对一些本应显而易见的事情视而不见，例如新技术可以带来的是远远脱离于现状的另一种可能。[21]

这一现象也可以通过实验来证明。曾有研究人员让桥牌游戏的专业选手和新手同桌竞技，不出所料，专业选手们表现得更好，毕竟他们是内行。但是研究人员修改了一些游戏的规则，原本是谁出的牌最大谁赢，现在正好相反。[22]新手对这种变化适应很快，几乎没受到什么影响，但是专业选手们由于对规则早就烂熟于心，再加上有了很多年的游戏经验，这种变化对他们的冲击很大。相对于新手而言，他们更难应对这种颠覆式的改变，游戏表现明显下滑。

这与我们对移民的分析相吻合。移民到了一个新的地方，必然经历了不同的文化、不同的做事方式，所以当看到新国家里的商业理念或者某些技术应用时，他们不会认为这些东西是既定的、不可扭转的；相反，他们认为这些东西在本质上是可变更、可变革的，都可以被修订、改编或者重新组合。在不同地方生活的经历，使得移民们在心理上突破了习俗和既存假设的界限。我们可以称他们为"局外人"。严格意义上来说，移民并非真的站在特定习俗或范式的门外，他们实际上是思想理念上的局外人，因为他们可以重构原定范式的框架。他们用崭新的眼光看待事物，所以有能力突破界限，提出多样化的想法。

移民还有另外一种优势，这种优势与重组式创新的概念密不可分：他们体验了两种文化，所以有更大的空间去接纳各种思维和想法；他们充当沟通的桥梁，成为"思想繁衍"的推动者。这样一来，局外人的视角赋予了他们质疑现状的能力，多样的生活经历则有助于他们找到组合式创新的答案。

多年经验的积累也印证了这样的事实。经济学家彼得·范多领衔了一项研究，专门考查学生们在学期前和学期末提出商业想法的能力。根据研究安排，一半学生这学期去国外生活和学习，另一半留在国内大学，最后，他们提出的想法会接受一位风险资本家的评估。结果发现，在国外学习的学生的商业想法，得分要比国内学生高出17%。也就是说，那些留在国内的学生经过一学期的学习，提出想法的能力至少没有显著增强。[23]

另一个实验测试的是学生的创意联想能力。研究人员给学生们几组单词，每组三个，学生们要想出第四个单词，使已有的三个词和第四个词能拼成词组。

在开始答题前，研究人员要求一半的学生想象自己身处国外，尤其要假想出发生的具体事情、自己的行为、对这件事情的感觉，还有他们在国外生活的这一天里有什么想法，然后用几分钟时间写下这段经历。另一个对照组的学生们则被要求想象在自己的城市里度过了一天。情况如何？那些想象自己在国外生活的人，在创造力、解题力和联想力上都超出对照组75%。[24]

此外的数十项实验在不同的背景条件下，也得出了相似的结果。就好像，假想自己身居国外，可以有助于跨越思维边界。

但这与旅行甚至移民都无关，而是关乎局外人的思维方式。毕竟，换一个崭新的环境并不一定是换一个地理位置。达尔文常常在动物学、心理学、植物学和地质学之间交替进行研究，他的创造力并未因此被削弱，反而是增强了。为什么？因为这让他有机会从外部领域反观手头的研究内容，并让他可以嫁接不同学科分支的观点。一项研究发现：即使最忠于自己研究主题的科学家，平均而言也会在发表的前100篇论文中转换43个话题。[25]

密歇根州立大学的一个研究小组将诺贝尔奖获得者与同领域的其他科学家做了比较。结果发现：相较于普通科学家，诺奖获得者有2倍的可能性会弹奏某种乐器，有7倍的可能性会画画或雕刻，有12倍的可能性会写诗、写剧本或者写书，有22倍的可能性会参加业余表演、跳舞或者魔术。[26]同样的结果也适用于企业家和发明家。

心理学家常常会谈"思考距离"。当我们沉浸于一个研究主题的时候，会被它的复杂网络所包围。待在这个网络里会很舒适，间或也可以对它的内部构造做一些简单更新。但最后，我们会被囚禁在自己构建的范式当中。只有勇敢走出围墙，才能找到一个新的"制高点"。在那里，我们不会得到新的信息，但会发现一个全新的视角。艺术通常被认为具有这样的功能，它不是让你看到一个新的东西，而是让你换一种视角去看待熟悉的东西。这让我们联想到叶芝的诗歌，或者毕加索的绘画和雕塑，这些伟大的作品总是能在观察者的视角与被关注的东西、观众想法与作品主旨之间创造这种概念上的距离。

重组式创新已成为世界经济增长的重要引擎，它的重要性绝对不容小觑。推动未来进步成长的人，一定能突破既定思维边界，在不同领域之间游刃有余地转换思考，能看到人们在学科和思想范式之间竖立的围墙，并认为那些围墙不是不可触碰的，而是可移动甚至可推倒的。

这就是为什么局外人的视角和思考如此珍贵。

但这并不意味着我们不需要内部视角的专家。恰恰相反，我们既需要思考上的深度，也需要思考上的距离。我们需要同时做局内人和局外人，做理念上的"本地人"和跨界组合的"新移民"。我们既要理解现状，也要能质疑现状。回到刚才谈及的移民，他们之所以能够对创新做出如此巨大的贡献，无疑还有其他原因。可以想见，选择成为移民的那类人肯定敢于冒险。他们常常遇到各种阻碍，所以性格中的韧劲儿也很足。但在这些特质的基础上，最重要的还是他们具备质疑现状和突破常规的能力。

英国企业家凯瑟琳·维恩斯很好地阐述了这点："要成为一个远见者，你必须站在局外人的角度，去看待那些被局内人视为理所当然的事情。当你换一种视角去对待问题时，机会和可能性就会自然到来。"[27]

2010 年，凯瑟琳·维恩斯和伊斯梅尔·艾哈迈德一起创办了一家汇款公司。艾哈迈德是一位移民，于 20 世纪 80 年代来到伦敦，亲身感受到了那时收汇款的层层阻碍。于是，他结合自己的早年生活经历，以及在新地方学到的有关数字化解决方案的知识，创办了一家新公司，一家让汇款像发短信一样方便的公司。这就是重组式创新的典范。

杰夫·贝佐斯在 2018 年致股东的信中也表达了同样的观点。他谈到了渐进式创新的重要性，提出应该拓展现有的想法，充分利用其价值。但是他也认识到，如果想展开更有影响力的创新，你就要跳出现有的框架。他的话抓住了局外人思维的作用，他称之为"漫游"。贝佐斯说：

有时候在商业世界里，你很清楚自己要去哪里。当你很清楚的时候，就会很有效率，制订一项计划，然后执行。相反，漫游在商业里则会很影响效率……

但漫游并不意味着漫无目的，而是被直觉、勇气、启发和好奇心所牵引。为了找到出路，在过程中凌乱一些或者偏离轨道也是值得的。商业中的漫游虽会损耗效率，但这是必要的……重大发现 —— 那种"非线性"的发现 —— 极有可能产生于思维漫游的过程。[28]

再来看看重组式创新对教育的影响。劳工专家预测，今天的孩子会在未来拥有多达十几种新工作，其中的大部分在今天甚至尚未出现。在这个瞬息万变的世界，我们要掌握的不仅仅是发明的艺术，还要学会如何进行自我革新。

如果连行李箱公司的高管都无力质疑旧式手提箱存在的现实问题，那么普通人想要摆脱日复一日的生活剧本就更难了。我们生活的每一天、我们的基本参照框架、我们拥有的技能、我们的日常生活，都像被设置了一个默认模式。往往最不容易发觉的就是那些我们尚未开发出的技能和尚未考虑到的机会。简而言之，我们要学会将多样化的思想应用到自己的日常生活中。

当然，有时候能保持稳定性和连续性也是很好的。但是，能够抓住像轮式行李箱或电气化这样的机遇而不轻易错失，这也很不错。那么，我应该把什么样的新想法运用到正在做的事情上，或者运用到做事的方式上？组合创新的潜力究竟在哪里？

多伦多大学基思·斯坦诺维奇领衔的一项研究对局外人思维进行了一次名为"开放心态量表"的评测。研究人员询问被调查者对于"人们总是应该对违背自己一贯认知的证据加以考虑""一个人总是应该探索新的可能性"之类的观点是否认同。结果表明，即使在认知能力处于同一水平的情况下，在这个量表上得分较高的人普遍更善于提出见解、权衡观点、摒弃偏见和识别假消息。

有很多技巧可以帮助你转换到局外人视角，用崭新的眼光看待熟悉的事物，用新的思想与外界交流。前美国陆军军官迈克尔·米哈尔科现在是创新创造领域的拔尖人才，他主张一种叫作"假设逆转"的做法：你在任何主题或提议中提取一个核心概念，然后把它颠倒过来。比如说，你考虑开一家餐厅，首先的假设可能是"餐厅需要一份菜单"，那么对立的假设就是"餐厅不需要菜单"。这时候你就会有一个灵感，让厨师通知顾客他当天在市场上采购的菜品，然后让顾客个性化选菜。这么做虽然不一定能够带来可行方案，但只要打破传统的思维模式，就能创造出新的联想和主意。

试想，如果这个技巧应用恰当的话，本可以改变工业革命的进程。在进入电气化时代后，如果那些制造业企业的高管们能够颠覆原来的既定假设，把"生产流程必须围绕一个动能组展开"改为"生产流程不必围绕一个动能组展开"，不就能帮助他们打破原先的假设，催生新的想法，摆脱思维的范式了吗？

再举一个例子。假设你考虑成立一家出租车公司，你的第一个假设可能是"出租车公司必须要有车"，然后你反过来说"出租车公司不需要有车"。在二十年前这可能听起来很疯狂，但如今，有史以来最大的出租车公司优步（Uber）的确没有自己的车。

IV

现在，让我们从更广的角度来审视创新。什么样的社会环境有利于形成多样化的思想？为什么有的时代、有些地方相对更具有创造力？我们对多样性的分析如何融入人类的创新史？我认为，或许思考这些问题的一个关键考量因素是：与实体物品不同，思想和创新不会受到效益递减的影响。比如说，如果你把车借给别人，那你自己就没法使用了；但是如果你提出一个新的想法并分享给其他人，这个想法的潜力反而会增加。这就是所谓的"信息溢出效应"。

正如因创新贡献而获得诺贝尔经济学奖的保罗·罗默所言："创意的特点就在于它天然就能激发出新的创意。为什么提倡创意分享的地方，会具有更强的生产力和创新能力？因为一旦将某个想法与人分享，这一过程中创造的可能性将不再是简单叠加，而是倍增。"[29]

这里的关键词是"分享"。只有当人们互相联系起来，创意和想法才能产生溢出效应。世界上第一台蒸汽机是由古希腊数学家、亚历山大港的希罗在公元 1 世纪发明的，但是这项发明的消息传得太慢，传播的人数也太少，以至于它永远都不可能传到工匠们的耳朵里。作家马特·雷德利指出，这项创新失去了群众基础，人们也失去了对这项创新进行改进或者重新组合的机会。[30]雷德利还提到了托勒密的天文学，相较于过去的研究发现而言，那是一个非常大的进步，但这项科学从未被用于航海领域，因为天文学家和水手没有见面交流的机会。由于人们被局限在自己的社会环境、物理环境和道德结构之中，缺少了有效的沟通和互联，所以创新变成了一种孤立的行为，不能形成"异花授粉"，这就损失了我们想要达到的溢出效应。

然而，一旦某个想法被分享，它就不仅仅是被传递给他人，而是会与更多思想形成交融共生。以氧气的发现为例，人们总是说约瑟夫·普里斯特利和卡尔·威廉·谢尔·阿西夫蒂"发明"了氧气，就好像他们凭空造出了某件新东西一样。但要开始这项研究，他们的确需要树立一种新观念，即空气是由不同气体构成的，这一观念直到 18 世纪下半叶才被广泛接受。他们还需要精密的秤去测量质量的细微差异，而在当时这种操作才不过出现了几十年而已。[31]

约瑟夫和阿西夫蒂都很有创造力，也具备挑战现状的局外人思维，但如果无法与更广泛的人群和思维进行链接，他们也很难取得真正的突破。正是因为他们的社会网络足够多样性，才使得他们能够重组原本不相干的想法，实现信息溢出和回流，从而激发出新的想法和组合方式。这意味着我们对创新的理解必须改变：创新不是一种把个人推到前台和中心的做法，而是个人与其社会网络之间的复杂互动的结果。

宾夕法尼亚大学教授兰德尔·柯林斯在他的《哲学社会学》一书中，记录了有史以来几乎每一位重要思想家的思想发展史。他认为，像孔子、柏拉图和休谟这样的人的确是天才，但他们之所以能够释放天赋，则是因为处于社会网络中的有利节点。比如说苏格拉底，柯林斯还原了他的社会网络，发现他与几乎所有主要思想家都有关联。柯林斯写道：

> 智力和创造力汇聚于个人所接触的社交链条之上，将情感能量和文化资本一代代传下去。创造力的情感能量集中在社会网络的中心，汇聚于人们面对面交流的社交圈里。那些人类智力生活最火热的时期，那些创新猛增的动荡黄金时代，都发生在某些智力碰擦的场合，尤其当几个立场相悖的社交圈子在若干热议问题上达成共鸣的时候。[32]

创造力的社会情境赋予了我们一个全局视角，让我们看到一个鼓舞人心的事实：创新来自社会网络中每个人大脑的共同创造，而大脑的共同创造又关乎它们的主人所属社交圈的多样性。大脑相互连接的整个网络效应，就是进化学家迈克尔·穆图克里希纳和约瑟夫·亨利克所说的"集体大脑"。他们写道：

> 对于创新来源的一种普遍看法是"伟人效应"。所谓"伟人"，指的是那些思想

家、天才或者伟大的发明家，他们有着远超常人的认知能力，以非凡的、英雄般的思维将人类带到了崭新的高度。他们或许站在过往伟人的肩膀上，但凭借个人的天赋和洞见力可以看得更远。

然而我们认为，这些个体实际上可以看作是集体大脑的产物，是既有的各种单独思想的结晶。[33]

这解释了为什么创新常常会在几乎同一个时间产生于不同人的大脑中。在很长一段时间里，提到为什么达尔文和阿尔弗雷德·拉塞尔·华莱士会在几乎同一个月提出进化论的观点，为什么莱布尼兹和牛顿几乎同时想到了微积分的概念，人们给出的解释通常是命运或者天意使然。但是历史学家意识到这些所谓的巧合事件并非偶发，而是一种常见现象，命运或天意并不是令人满意的解释。

1611 年，生活在 4 个不同国家里的 4 位科学家同时发现了太阳黑子。1745 年和 1746 年，德国科学家迪安·冯·克莱斯特和荷兰莱顿的科学家库纽斯分别发明出了世界上最早的电池。19 世纪 40 年代末，能量守恒定律被分别提出 4 次。1899 年科辛斯基提出了遗传突变在进化论中的重要性，1901 年雨果·德弗里斯再次提出了这一点。X 射线对突变率的影响也被两位学者同时在 1927 年发现。电话、电报、蒸汽机、照片、真空管、收音机 —— 现代生活中几乎每一项重要的技术进步，在它们的起源故事中都有多重线索。[34]

为什么有那么多看似独立的科学发现会同时出现？从前面的分析中我们知道，这是社会网络作用的必然结果。当人与人、思想与思想连接起来的时候，往往会产生相似的联想和发现。

我们可以在不同的人群中都看到这样的现象。以人类学家米歇尔·克莱恩和鲍勃·博伊德对多个太平洋岛屿上居民创新能力的研究为例，这些岛屿都被数百英里的海域分割开来，这样就能评测创新与集体大脑之间的关系。研究人员发现，技术创新的复杂程度与人群的大小和相互关联的密切程度高度相关。社会网络的规模越大，创意重组、创意竞争和信息溢出的范围就越大。[35]

以位于澳大利亚维多利亚州以南 240 公里处的塔斯马尼亚岛为例。当欧洲人在 18 世纪末第一次登上该岛时，岛上的技术发展水平落后得惊人，有些拥有长达 4 万年历史的古老部落使用的工具都比这个小岛上居民的更先进。塔斯马尼亚人使用简陋的长矛和经常漏水的芦苇筏，尽管鱼类资源丰富，他们却没有捕鱼工具，甚至还用人头骨盛水喝。

他们为何还在使用这样的原始技术，坐困愁城？哈佛大学人类学家约瑟夫·亨利克揭秘说，这是因为 1.2 万年前，海平面大幅上升淹没了巴斯海峡，切断了塔斯马尼亚与澳大利亚其他地区的联系，所以这么多年来，他们与外界广阔的思想体系完全脱节，这严重影响了他们的集体大脑。

这个被孤立的小群体中或许会有一个熟练的工匠出现，但很可能他还来不及教一个学徒就去世了，来之不易的创新就这样迅速走向消亡。更重要的是，这个岛与澳大利亚间的联络被中断，所以岛民无法学习、改进、进行重组式创新。实际上在海平面上升之前，塔斯马尼亚人也保持着与周边地区同等的技术发展水平，但之后就一落千丈。[36]

下面这个小实验也说明了相似的问题。每年，约瑟夫·亨利克都会向新生展示 4 套工具，它们分别来自 4 个不同族群——18 世纪的塔斯马尼亚人、17 世纪的澳大利亚土著人、尼安德特人和 3 万年前的人类，然后让同学们评估一下工具制造者的认知能力水平。每一次同学们都会给出相同的回答，他们认为塔斯马尼亚人和尼安德特人的认知能力比土著人和 3 万年前的人类要低，因为他们使用的工具不那么复杂。

但这是错误的，你无法根据工具的复杂性来判断使用者认知能力的高低。原因在于，创新不仅仅是个人的问题，也关乎人与人之间的连接。回想一下海平面上升前后的塔斯马尼亚人，其实这一族群在本质上没有发生改变，但他们使用的工具的复杂程度却大不相同。[37]

回忆一下前面的章节，行李箱公司的高管之所以没能抓住轮式箱子的机会，是因为他们被困在了既定范式中。环境筑起了一堵观念之墙，这让他们很难抓住重组式创新的巨大机会，而被一种"内部人"的心态束缚住了。

类似的分析逻辑可以运用在各种情境之下。比如，塔斯马尼亚人之所以创新乏力，也是因为他们周围有一堵墙，但这并不是"内部人"思维的作用，而是一场洪灾带来的。他们是在物理上而非心理上与新观念隔离开来。社会网络的切断对创新造成了实实在在的打击。

这种"社交切断"也可能是社会观念导致的。比如说，几个世纪以来，妇女都被排除在思想交流的网络之外。整个社会群体都面临着一道障碍，它不是洪水造成的，而是偏见造成的。直到启蒙运动时期，这一情况仍没有改变。社会心理学家卡罗尔·塔夫里斯写道："启蒙运动时期，女性被禁止接受高等教育和专业培训。"这不仅对妇女不公平，也极大地降低了男性的创造潜能，使得男性失去了来自另一半人口的视角和想法，失去了不同的观点、信息和发现，集体大脑最终被严重削弱。不管如何评价人类历史上的创新步伐，我们都必须认识到，如果创意网络把女性包含在内，创新速度会大大加快。

上述观点可以用简单的数学来证明。约瑟夫·亨利克让大家想象有这样两个部落——天才部落和社交部落，他们都在寻求某一新技术发明，比如弓箭。天才部落的人很聪明，头脑发达；社交部落的人很善于交际，喜欢互动交流。现在，假设天才部落的人仅凭个人努力和想象能力，就可以在每10个生命周期做一次发明创造，而社交部落的人每1000个生命周期才能做出一次创造。所以我们可以说，天才部落要比社交部落聪明100倍。

然而，天才部落的人不是很善于交际，每个天才部落成员的社会网络中只有1个朋友可以学习，但每个社交部落的人都有10个朋友，所以社交部落的社交能力是天才部落的10倍。现在，每个人都试图发明弓箭，每个人每次遇到朋友都有50%的机会学习，那么哪个部落的人创新的概率更高？

答案和我们的直觉相悖。在天才部落中，只有18%的人可以实现创新，其中一半的人是靠自己发明出来；但是社交部落中所有人都会实现创新，其中几乎没有人完全依靠自己的力量，其余人都是向朋友学习而获益。此外，每一个人还有机会做创新改进，将自己的洞察和理解再反哺给社会网络。[38]

数据、实验和历史案例都能证明这样一个观点，正如约瑟夫·亨利克所说：如果你想发明一项绝妙的科技，社交能力比智商更有用。[39]

V

128 号公路南起诺福克县，蜿蜒穿过波士顿西郊，最后到达格洛斯特的海岸。格洛斯特是一个渔镇，就是英国著名作家鲁德亚德·吉卜林的作品《勇敢的船长》的发生地。

美国摇滚歌手乔纳森·里奇曼的《路行者》这首歌描述的正是 128 号公路，它被《滚石》杂志选为有史以来最伟大的 500 首歌曲之一。这条公路曾承载过很多人以为会永续存在的经济奇迹，1975 年，这里已经是一个科技中心，雇佣了数万名员工，世界十大科技公司中的六家坐落于此。[40] 王安实验室 * 和通用数据公司 ** 等都是这里的巨头。在鼎盛时期，美国数字设备公司（DEC 公司）*** 拥有 14 万名员工，是全美第二大雇主。这条路的西段被称为"美洲技术公路"，《时代》杂志则称之为"马萨诸塞州奇迹"。

圣克拉拉山谷是美国西海岸 3000 英里外的一个农业区，主要从事杏树种植，当地大部分产业都围绕小规模食品加工和分销展开。一位历史学家这么记录道："当时没什么大事发生过。"的确，甜美多汁的杏子跟芯片和半导体没有

任何关系。但是到了 1956 年，这里开始发生变化。物理学家、发明家威廉·肖克利结束了在马萨诸塞州雷神公司的一段不太顺利的工作，带着对半导体的浓厚兴趣，搬到了半岛南端的山景镇。随着时间的推移，汇集到这处山谷的公司越来越多。

到了 20 世纪 70 年代，圣克拉拉山谷已经孕育出了自己的科技中心 —— "硅谷"，但当时它还远比不上所谓的 "马萨诸塞州奇迹"。马萨诸塞州的公司有传统经济优势，土地和办公场地的费用明显较低，用工成本也低很多。[41] 当然，两地之间还有些其他方面的不同：马萨诸塞州的公司中规中矩，员工穿夹克打领带；硅谷员工的风格则休闲很多，喜欢牛仔裤和 T 恤衫。两地员工的说话方式不同，使用的术语也不一样。

不过这些区别都是表面的，最重要的不同在于社会网络的结构和信息溢出的机制，而这是决定性的差别。

128 号公路上的公司都很具规模，依靠自己就能制造芯片、电路板、检测仪和电路架等，甚至能自己制造磁盘驱动器。这种纵向一体化的模式有其经济意义，可以让生产效率大大提升。然而，这种整合也带来了一个无益于公司发展却常被忽视的问题 —— 这些大公司在社会上变得孤立了。DEC 公司副总裁戈登·贝尔曾表示自己的公司 "是在区域经济中的一个孤立岛屿"，传记作者格伦·里夫金和乔治·哈拉尔曾为 DEC 公司的联合创始人肯·奥尔森写传记，他们将这家公司描述为 "一个社会学意义上的独立单元，整个世界囊括于一身"。[42] 社会学家安娜丽·萨克森在经典著作《区域优势》一书里讲到了科技战争，她写道："128 号公路的公司采用的都是自给自足的运作方式。"

随着这些公司的高度自足，它们的所有权意识也越来越强。比如，王安就雇佣了私家侦探来保护自己的创意和财产，很多员工只和自己公司的同事交往。那时候很少有论坛或者会议把工程师聚集到一起。安娜丽·萨克森这样写道："企业与客户、供应商和竞争对手之间的关系都受到保密机制的支配。"[43] 有人这么形容："墙越砌越厚，越筑越高。"

如果仅从这些公司自身的角度来考虑，它们对保密的需求很好理解，因为所有高层都害怕别家公司来窃取商业机密。但是，这样做也带来了一个难以言表却影响深远的结果：工程师不能融入广泛的社会网络，这在无意中扼杀了不同见解之间相互作用、融合、以不可预知的方式向前递进的可能，也就是扼杀了能催生创新的联谊。于是，128 号公路形成了社交专家口中的"垂直化动态机制"，思想和观点只在等级化的组织内部上下流转。安娜丽·萨克森这样形容道："技术信息始终被囚禁在每一家公司的高墙之内，无法传播给本地其他的公司或从业者。"横向的信息交流机会微乎其微。

你甚至可以从高速路上各家公司的物理位置来感受这种社会隔绝的意味，它们似乎是想尽办法相互远离。这些技术公司散布在高速公路沿线，甚至越来越多的公司延伸到了外部地带，互相之间隔着数英里的森林、湖泊和公路。128 号公路区域变得极其广阔，DEC 公司甚至要用直升机来联络分散在各处的办公地。[44]

从表面上看，硅谷和高新科技并不相称。这个地区不享受税收优惠，无法通过相关优惠来赶超 128 号公路，它也没有类似于安保开支一类的政府支持。并且如前所说，这里土地、办公场地和人员薪资的成本也都偏高。但是硅谷拥有一种更为强大的、迄今还没有被传统经济学教科书记录在册的力量。你可以阅读下面这段关于硅谷的描述，来感受这种力量：

在"马车轮""切兹伊冯""里基""圆屋"这些地方，高新科技"同业会"的成员——来自半导体行业的年轻从业者们，都会在下班后聚集到一起喝一杯，聊天、吹嘘、分享各种故事，聊得天花乱坠。[45]

在硅谷，人们通过社交让各种想法荟萃在一起，相互碰撞、繁衍，组合和催生出新的想法。这里的信息交流速度非常快。安娜丽·萨克森写道："这一地区浓厚的社交氛围、公开的用工市场，鼓励了各种商业实验和创业活动……当时有这样一种说法，如果你找不出流程出了什么问题，就去'马车轮'问问。"

这就是我们常说的水平信息流转，信息溢出不断出现，从一位工程师到另一位工程师，不仅在某个公司内部流转，也会在公司与公司之间流转。像"马车轮"这样的场所就是重组式创新的源头，它所营造的大熔炉里满是观点不同、思维方式不同的人们。在某一主题或技术领域的专家，成为另一主题或技术领域的局外人，反之亦然，直至创造出巨大的思想多样性。

有一个叫"自制电脑俱乐部"的组织值得一提，它由一群爱好者创建，最早一次见面会设在一个车库里，会议的目的在 1975 年 3 月发出的电子邮件中陈述得非常明确："你想造自己的电脑吗？终端？屏幕打字机？I/O 设备？或者其他数字化黑魔盒？如果是的话，你一定希望来这里见见志趣相投的人们，和他们交换信息、交流想法、热烈讨论，并一起完成项目……"[46]

那场会议为后来的发展奠定了基础。在那里，新鲜想法不断出现，就像可乐从摇过的汽水罐里涌出一样。当时世界上只有几百台个人电脑，但随着交流的白热化，人们甚至想出了电脑在未来家庭中的几十种应用场景，包括文本编辑、存储、游戏、教育用途等。有人还想到使用计算机系统来控制一些家用功能，比如警报、供暖和花园洒水系统等。

其中有一位与会者是个发烧友，他二十几岁，留着大胡子，性格有些腼腆，说话温柔。在人们如火如荼地围绕家用电脑展开讨论时，他静静地听着。他已经造出了自己的处理器，也在摆弄芯片。对于他来说，这场谈话就像是在社会学领域接入了 30 个新的大脑，每一个都在输出自己的见解、视角、专业信息和思想。

当人们讨论第一台个人电脑 Altair8800* 时，这个大胡子的兴趣开始升温。这台电脑是以一种自建套件的方式卖给消费者的，他之前从未见过。随后，小组里开始传阅一张由 Altair8800 制作出的数据表，这时这个大胡子彻底被点燃了，后来他说："这是一次让我终身为之倾注热情的会议，是我生命中的美妙时刻……我把这张数据表带回家，惊叹地发现这个微处理器已经达到了我在高中时反反复复设计的那种整套处理器的水平。就是那天晚上，苹果第一代电脑的全貌在我脑中浮现出来。"[47]

---

* 编者注：Altair8800 是世界上第一台微型计算机，于 1975 年 4 月由微型仪器与自动测量系统公司 (MITS) 推出，售价 375 美元，带有 1KB 存储器。

这位业余爱好者的名字叫史蒂夫·沃兹尼亚克。13个月后，他以那天晚上在头脑里产生的想法为基础，开始创立苹果公司，他的联合创始人是当晚的另一位与会者——史蒂夫·乔布斯。

还有比这更完美的关于多样化和创新的案例吗？

这种用于思想交流的场所——不管是餐馆、咖啡馆还是自发组建的俱乐部，显然与128号公路格格不入。也可以说，128号公路没有这种需求。有位叫杰弗里·卡尔布的工程师，搬到硅谷之前曾在马萨诸塞州的一家计算机公司工作，他说："我在128号公路上从没听过类似的聚会。可能在哈德逊或万宝路有一个午餐点，但肯定没有硅谷这么大规模的社交场地。"[48] 要知道，128号公路上的公司并非蓄意要自我毁灭才放弃这种社交机会的，他们都很聪明，很有创意，只是没有在观念上实现突破。创新不仅仅关乎创造力，也关乎连接和共生。128号公路的精英们有点像前文种提到的天才部落，有独创性，但是缺少社交性。

多样性并非在128号公路完全缺失，但确实没有得到有效利用。这些公司就像被洪水隔开的群岛一样。正如安娜丽·萨克森所写："硅谷特有的社交和合作机制从未成为128号公路的主流商业文化，128号公路那种所谓的'新型管理'和大多数传统企业的模式也没有什么不同。"

1957年，在《路行者》这首歌发行的15年前，128号公路的员工数是硅谷的2倍多，然而到了1987年，这首歌创作的15年后，这样的形势被扭转。如今硅谷雇用的技术人员是128号公路的3倍以上。到2000年，波士顿这处犹如孤岛一般的公司集群彻底消失了，就像太平洋那些群岛上的人类原始技术一样难觅踪迹。

我们需要指出，公司之间（甚至是封闭式企业之间）的竞争，其实是一种在整个系统层面的信息发现。当公司之间互相撕咬时，我们可以看到哪些想法可行，哪些不可行。想法差的公司会破产，成功的公司被模仿，于是整个系统进行了相应调节。运转良好的市场是增长的强大引擎，有助于集体大脑的扩增。然而本章节的分析是为了揭示，如果信息被囚困于公司高墙的内部，这对市场系统和公司本身都会造成危害，市场的发展会受到阻碍，那些公司将很难产生创新。

128 号公路沿线的社交断层造成了公司之间的互不接触，而这样的互不接触也使断层越发严重。这是一种危险的协同效应，人们越是往自己的高墙里退缩，就越会把新鲜观点当作威胁而非机会。

莲花公司*创始人米奇·卡普尔谈到与 DEC 公司首席执行官肯·奥尔森的一次离奇会谈，在整个谈话期间，奥尔森似乎始终对个人电脑不得要领。卡普尔说：

> 可能我最清醒的那些时刻……就是见证了那些家伙如何不得要领，然后葬送自己。奥尔森当时亲自为 DEC 公司的个人电脑设计了外壳，他敲着外壳，展示给我看是如何坚固。我说这根本无关紧要啊！但是在他的构想中，电脑是放在工厂地板上用的，所以坚固很重要。[49]

---

* 编者注：莲花公司（Lotus Development Corporation）是一家美国软件公司，其最著名的软件是 Lotus1-2-3 试算表软件，曾被称为 IBM 个人计算机平台上的杀手级应用软件。

但同时，硅谷却在大踏步前进，内外部的人士相互碰撞，各种理念重新组合。地理因素也催化了整个交融的过程，128 号公路上各家公司犹如散落的孤岛，而硅谷的公司"簇拥于高度密集的工业区中"，带来的最终结果就是信息强劲、高速的流转。正如一位高新技术公司高管在 1990 年的一次重要采访中所说："今天的集体认知来源于对昨天失败的总结和对未来信息的组合再造，这里形成的是一种独特的、不断自我更迭的氛围。通过这样的信息重组才能学到东西。没有其他地区能像这里一样，可以不受干扰、如此有效地进行创建重组。整个产业结构在这样的过程中得到了巩固和深化。"[50]

VI

　　创新就是推倒既有的高墙。当然，有些墙的存在也是必要的。我们大部分人重视隐私，大部分公司都需要保护自己的知识产权，大多数公司需要专业人员并给予这些人足够的私密空间去工作。但我们常常把控不好尺度，逐渐走向孤立，这不是因为不重视那些意见不同的人和想法，而是没有认清其重要程度。这也是造成同质化的另一个原因：我们对于自己的"舒适区"、自己的领域、自己的概念环境过于习惯。

　　科学研究也逃不过这样的问题。我们经常看到学者与同一学科的其他学者探讨问题，这很好，但必须有一个限度。如果历史学家只和历史学家交谈，经济学家只和经济学家交谈，那么他们对于自己想要解释的现象就很难获得深刻的洞见。有的研究者则具备强有力的外部视角，在跨学科团队工作，自身也有充足的多样性。这样的学者就能够丰富我们对世界的理解，本书的大部分内容也受益于他们的成果。

具有讽刺意味的是，很多这样的学者难以在科学期刊上发表文章，因为有的学术领域已经变成了概念孤岛，由自我参照的同行评议小组组成，很难理解范式之外的任何概念。其实大多数伟大的科学都来自重组，成功的科学家不仅仅是那些对自己的领域所知渊博的人，也包括那些有想象力去窥探更广阔天空、寻找有意义的"异花授粉"的人，这就是他们进行思想重组的方式。

社交理论已经成为很多领域的重要考虑因素，其逻辑想法很容易理解，也很便于应用。比如，现在的建筑师在设计时都会打造一些空间，尽可能方便人与人的交流接触。与封闭的隔间和有围墙的办公室不同，这种设计是想让人们远离办公桌，多与其他人交流，有更多偶遇的机会和与外部视角交互的机会。

史蒂夫·乔布斯就是凭直觉抓住其中要领的领导者。他在为皮克斯（他在1986 年买下的一家动画公司）设计办公空间的时候，就决定只在中庭建造一处卫生间，这意味着人们都必须从办公楼的各个角落走到一个地方解手。这看上去很没效率，却能迫使人们走出自己的角落，有更多偶遇的契机。"每个人都要在这里巧遇彼此。"乔布斯说。

或者以麻省理工学院 20 号楼为例。这不算是一栋很漂亮的建筑，有一篇专门写这栋楼的文章说它"是匆匆用胶合板造起来的。漏水，隔音效果差，采光不好，通风不足，夏热冬冷，即使在那里工作多年的人也会觉得通道设计得过于复杂"。[51] 然而这栋楼却孕生出令世人震惊的伟大创新——世界上第一个原子钟、现代语言学的突破发展、最早的原子粒子加速器、行动抓拍摄影技术等。认知科学家杰罗姆·莱特文称它为"麻省理工学院的子宫"。

为什么这栋建筑如此利于创新？因为它没有正规的楼房结构，这使得不同领域的科学家经常偶遇并由此相识。比如阿马尔·博斯教授经常在写论文的间隙到自己系楼下的声学实验室跟人闲聊，他后来就发明出一种楔形扬声器，并创建了著名的音响品牌——博士（Bose）。

这栋楼的"居民"不仅有声学实验室，还包括黏合剂实验室、语言学家的办公室、导弹项目办公室、照明设计实验室、海军研究办公室、铁路模型俱乐部等。建筑师大卫·沙弗写道："不同学科的研究员们本不可能共享一处办公场所的——生物学家该在生命科学大楼研究，照明设计师该在建筑大楼里绘制草图。但在这里，不同领域的科学家以一种独特的、激动人心的方式互相了解，诞生出无与伦比的跨部门合作。"

20 号楼还有一个不寻常的特点——它的墙壁非常轻薄，如果阻碍了有效合作，可以随时被拆掉。工程学教授保罗·彭菲尔德说："假如你想在两个房间连通电线，根本不用叫物业人员过来，只需要拿一个电钻，把墙打穿。"谁会想到，把电气工程师和铁路模型俱乐部的人放在一起，会创造出黑客和电子游戏呢？[52]

你也可以在文娱机构的历史发展中看到社会网络的力量。[53] 足球界一直是重组式创新的孵化器，特别是在战术领域，从阿森纳传奇主教练查普曼的"WM 阵型"到意大利的"链式防守"策略都窥见一斑。经济学家拉斐尔·特雷夸蒂尼指出，这些创新都带来了持续的竞争优势。

荷兰足球的发展或许是体育领域最生动的重组式创新案例。过去荷兰足球一直高度孤立，来自足球之外的想法都会被视为威胁而不是机遇，这让很多球迷都想不通。1959年，一位理疗师来到阿贾克斯俱乐部，他看到球队的医疗设施只有一张木制桌子和一条毯子，于是提出要买一张现代化的手术台。球队教练听后回复说："别毒害这里的氛围，我们这个桌子已经用了50年了。"

后来一位名叫努斯·米歇尔的年轻教练带着他的局外人思维，扭转了这种闭门状态。他不仅引进了比赛之外的其他理念来改革战术和训练，更促进了整个足球界的职业化进程，在他到来之前，几乎所有的球员都在足球之外有一份日常工作，就连荷兰足球巨星约翰·克鲁伊夫也在当地一家印刷厂轮班工作。自此，足球训练变得更富想象力、更集中化，球员们也投入了更多的智力和精力。

作家大卫·温纳在其作品《灿烂的橙色》中，将这些转变归因于当时荷兰社会对新思想持开放态度的总体趋势。"在二十年的平静之后，荷兰出现了前所未有的与国际文化'异花授粉'的机会……没有哪一个地方像阿姆斯特丹那样，用一种超现实主义、无政府主义和戏剧化的游戏心态，来激发和鼓励年轻人。"

约翰·克鲁伊夫是这场变革的核心。曾做过教练的卡雷尔·加布勒回忆说："当时克鲁伊夫常常和人冲突，因为他代表新一代不断提出质疑：为什么一定要这么做事？"加布勒在阿姆斯特丹旧犹太区的废墟中长大，对那个区域来说，20世纪60年代带来的感觉就如同黑白色的世界突然变成彩色。

记者欧文·斯莱特在自己的《天才实验室》一书中探究了英国奥林匹克运动的成功秘诀。英国运动员在 1996 年亚特兰大奥运会上仅获一金，而到了 2012 年伦敦奥运会成功斩获 29 枚金牌。英国体育界当时有一个重要任命，就是让斯科特·德拉威尔担任研发主管，他拥有体育科学博士学位，对新思想很热衷。他当时采取的第一个行动是跳出体育界，到学术界和产业界去寻找工程师和发明家，希望能在如何让运动员发挥得更好这个问题上获得突破性见解。他的团队一般聚在谢菲尔德的一个会议室里讨论，这里就如同当年硅谷的"马车轮"，各个学科的科学家进入了一个崭新的、多元化的社会网络。德拉威尔这么形容说：

这支团队在学术上不一定是最拔尖的，但就创造力而言是最棒的，人们乐于倾听、感到好奇、渴望探索。纯粹与天真是一种强大的力量……当你把有这种思考模式的人置于一个良好的环境之中，就会得到令人惊讶的结果。[54]

组合创新的结果令人瞩目：

用 F1 赛车技术帮助制造冬奥会雪橇，用英国航空航天技术帮助打造雪橇骨架，这些让埃米·威廉姆斯在温哥华摘得桂冠……为游泳运动员做的感应器，让他们能够在触壁时完美转身……特制的"热裤"让自行车运动员在比赛间隙保持肌肉温暖。

皮划艇裙上喷洒的一层防水剂，帮助埃德·麦基夫在伦敦奥运会上夺冠。[*55]

你在历史上可以看到很多相同的模式：人与人之间的障碍被扫除，这推动了有益的互动和创新发展。这样的案例很多，其中最受人瞩目的是 18 世纪的苏格兰，尽管那时它经历了几个世纪的发展停滞状态，还刚刚度过一段政治动荡期，但仍然成为启蒙运动的重心。

到 18 世纪初，苏格兰创建起了令人惊叹的学校网络，拥有五所大学（圣安德鲁斯大学、格拉斯哥大学、爱丁堡大学、马里沙尔学院、阿伯丁大学和国王学院），而同期的英格兰只有两所。

苏格兰所呈现出的景象也具有高度社交性："这里的人们不是在乡村庄园里自顾自工作，也不是在学校里与世隔绝、埋头做事。这里的景象让人备受鼓舞。"[56] 学者、科学家和商人经常聚在一起，尤其是在当时兴起的俱乐部和社团里。正如一位学者所说："不同学科之间的相互联系和交融……成为苏格兰最受人瞩目的景象。地质学家与历史学家、经济学家与化学家、哲学家与外科医生、律师与农民、教会牧师与建筑师交织在一起。"[57]

由此带来的知识盛宴令人惊叹。休谟在道德哲学、政治经济学、植物学和历史学方面都著有佳作，休谟的密友亚当·斯密写出了《国富论》这本经济

学史上最有影响力的著作，詹姆斯·鲍斯韦尔完成了《科西嘉岛记行》，詹姆斯·伯内特创立了现代比较历史语言学，詹姆斯·赫顿成为开拓性的地质学家，约翰·莱斯利爵士进行热实验，约瑟夫·布莱克发现了二氧化碳……

如果我们用孤立的眼光看待苏格兰的启蒙运动，或许会认为知识繁荣源于这个国家所拥有的那么多伟大思想家。其实这个时代之所以能够百花齐放，是因为这些人连接到了真正的集体大脑。正如一位游客所说："我站在这里，爱丁堡的十字路口，再走几分钟时间，就可以牵到五十位天才的手。"

回声室效应

I

德里克·布莱克早在上小学的时候就投身到所谓"白人至上"主义的"事业"中。十几岁的时候，他开始帮忙管理一个叫作"风暴前线"的网上论坛。2001年，《今日美国》的一篇文章称"风暴前线"在"同类型网站中访问量最大"。[1]德里克定期在网站上发帖子，引导评论区的论调，并帮助想法一致的人创建在线社区。他目标长远，机智灵活，口才极好，做事情也非常投入，很快成为这个网站和该"事业"的核心人物，很多人都将他视为这项"事业"的储君，指望他创造出新的想法和口号。

快20岁的时候，德里克得到了出名的机会，在晨间广播电台做了一个名叫"德里克·布莱克脱口秀"的节目。他天生适合做主播，所以节目很受欢迎，逐渐变成了一个日更活动。

2008年贝拉克·奥巴马赢得总统大选的当晚，"风暴前线"网站服务器因流量骤增而崩溃，白人民族主义者群情激昂，一天比一天疯狂。不久之后，德里克在孟菲斯的一次白人大会上备受追捧，记者伊莱·萨斯洛在他的一本书中描述了当时的背景：

2008 年秋天，不少人身着印有化名的西服套装来参加会议。他们穿过人行道上挥舞彩旗的抗议者人群，绕过驻扎在酒店大堂外的州警，瞒过了试图混进会议大厅的联邦调查局线人……有一个社区为了获得警力支援而宣布进入紧急状态，还有一个社区叫停了所有公众集会。但到了周六早上 7 时，还是有大约 150 名白人民族主义者聚集到一个不起眼的酒店会议室。

从某种意义来说，德里克生来就会成长为这样的人。他的父亲唐·布莱克在大学里就加入了 3K 党[*]，曾因试图在多米尼克岛发动政变而被捕。"他们希望把多米尼克岛变成白人的天堂。"伊莱·萨斯洛写道。唐·布莱克被判监禁三年，服刑期间学习了计算机技术，创建了"风暴前线"网站。后来，他的儿子德里克·布莱克成为了网站的核心人物。

唐·布莱克看到德里克迅速崛起后感到无比自豪，他说："我从没想过当二把手的感觉会这么好。"他认为德里克的很多优点正是自己所欠缺的，尤其是智力上的优势。这个年轻人总能创造出引爆公众想象力的词汇。

德里克的母亲克洛伊 20 多岁时嫁给了 3K 党一名非常高调的成员大卫·杜克并生下两个女儿，离婚几年后她又嫁给了唐·布莱克。她和唐在他们共同的

圈子里相识多年，唐也是她结婚时的伴郎。

大卫·杜克可以说是美国白人至上主义的真正领袖。1991年，他竞选路易斯安那州州长，赢得了大多数白人的选票，但最终以微弱票数败选。他是德里克的教父，对于德里克而言"就像第二个父亲"。他和德里克一家交往甚密，甚至一起过圣诞节。他就像培养自己的继承人一样对德里克栽培有加。

到了近20岁的时候，德里克对于白人民族主义的各种教条，已经像对自己的肤色一样习以为常。他戴一顶黑色帽，红头发垂到肩上，英俊潇洒，充满魅力。他不太会用种族主义的污蔑语言，也不鼓吹暴力攻击，一般会用温和的言辞来传达自己的理念。他希望美国今后只有白人，少数种族最终被驱逐出境。

在孟菲斯的会议上，杜克无比激动地把德里克介绍给与会者，那就像一个决定性的时刻。"我们的运动将真正成为主流，"杜克说，"我要向你们介绍我们未来的曙光。我从未见过如此有天赋的人，他在国内外的从业经历都远远超过我。女士们先生们，他就是德里克·布莱克。"[2]

II

堪萨斯大学是堪萨斯州最大的大学，建于1865年，位于劳伦斯镇的一座山上。该校后来扩展到5个校区，被认为是美国学术环境最好的学校之一。学校网站上这么写道:"作为本州的一流大学和研究机构,我们热情服务于本州、本国和全世界,也热情赞颂为弘扬杰伊·霍克*精神而付出的努力和投入的情感。"

与那里的学生、学者交谈,你不仅能感受到这所大学的社交热情,也会感受到它的庞大规模。这所大学有近 3 万名学生,来自美国及世界各地。其中近3000 人是非白人学生,近 6000 人来自堪萨斯州以外的地区,近 2000 人超过25 岁。人群多样性在这里得到了很好的体现。[3]

其实在任何一所大学里,你都能很快从学生们的大规模聚集和相互交流中感受到一种社会网络自发形成的氛围。同学们课后三五成群,到酒吧、俱乐部聚会,建立友谊,甚至成为终身朋友。很多人在毕业后相当长一段时间里都会继续和大学同学保持联系。

近年来,社会网络的形成方式已成为科学研究的一大热点,相关研究的数量繁多。其中由美国心理学教授安吉拉·巴恩斯领衔的一项研究非常引人注目,这项研究针对堪萨斯州的学术机构展开,其中一个分析重点就是堪萨斯大学。研究人员观察了这些学生和朋友交往的情况,然后请他们填写问卷,以探究建立友谊和社交团体的方式。除堪萨斯大学外,他们还研究了该州 5 所较小的大学:鲍德温市的贝克大学、林茨堡的贝萨尼学院、北牛顿的贝瑟尔学院、麦弗逊的中央基督教学院和位于麦弗逊的麦弗逊学院。[4]

---

* 编者注:杰伊·霍克(Jayhawk)是堪萨斯大学的吉祥物,这个名字由两个部分组成 —— 具有战斗气质的松鸡(jay)和善于捕猎的鹰(hawk),反映了当地印第安原住民反抗奴隶和殖民、努力将堪萨斯州变成自由州的历史。

这 5 所大学确实比堪萨斯大学小得多。比如说贝克大学，这是该州最古老的学术机构，建于 1858 年，历史悠久并享有美誉，但目前只有 3 栋学生宿舍楼和 2 栋学生公寓楼。该校有着很高的学术声誉，开设很多课程，不过在规模上肯定比不上那些大型学校。

堪萨斯大学有近 3 万名学生，其他 5 所大学平均不到 1000 人。麦弗逊学院有 629 名学生，贝萨尼学院有 592 名学生，贝瑟尔学院只有 437 名学生。这么看起来，这 5 所大学的学生多样性应该相对偏低。贝瑟尔学院只有 105 名学生来自堪萨斯州以外，贝克大学和麦弗逊学院完全没有来自海外的学生。[5]

安吉拉·巴恩斯试图回答的问题是：上述不同会如何影响这些学校社会网络的特征？会如何塑造人们相互连接的方式？会如何影响个体所交往朋友的类型及构建友谊的方式？

在直觉层面上，答案似乎显而易见，堪萨斯大学因规模庞大而成为一处国际化场所，能为人们提供更多机会去结识思维方式不同、背景不同、观点不同的人。而那些规模较小的学校，比如贝瑟尔学院，尽管声誉不错，但因规模限制，人们在这里很难结识到不同的人。虽然人数少会更有亲密、温暖的感觉，但这势必降低与想法不同、行为不同或只是看起来有点不同的人进行有益交流的可能性。

然而当巴恩斯查看数据时，却发现情况截然相反：堪萨斯大学的社会网络更趋同质化。巴恩斯告诉我说："当人们进入更大范围的社会群体时，他们构建的社会网络反而更加窄小。"

为什么会这样呢？我们比较一下这两类校园就能找到原因了。

在堪萨斯大学，学生人数很多，背景也确实很多样，但多样性有一个自相矛盾的特点——不同类型的人越多，同一类型的人也会相应增多。在这种情况下，如果人们倾向于"人以群分"的交往方式，那就很容易找到同伴。社会学家称之为"精细化分类"。

另外，虽然那几所规模较小的大学里学生人数少，总体的多样性不足，但这意味着你很难找到和自己想法很一致或者看上去相似的人。于是你就只能妥协，接受有一些细微差异的人。人群背景的多样性越不足，就越难找到相似性高的人。安吉拉·巴恩斯说：

> 这听起来有些讽刺，但也是可以预见的。在规模较小的那几所大学，因为选择少，所以人们会去和有些差异的人交往。但是如果学校很大的话，学生就会精密搜寻和自己相似的社交圈。这会促使"人以群分"的情况发生。[6]

巴恩斯的实验也得到了很多其他研究的印证，比如哥伦比亚商学院教授保罗·英格拉姆主持过的一次关于社交的实验。他邀请了100名商界人士下班后参加在纽约举行的社交活动，活动定于周五晚上7时在纽约大学的接待大厅举行。[7]大厅中央是一张摆着小点心的大桌子，靠墙的一张桌子上放着比萨饼，另有一张桌子上放着啤酒、葡萄酒和其他软饮。整个活动期间，研究人员都不遗余力地催促与会者互相交流。

所有与会者都配备了电子追踪器，它不会录音，但是可以追踪谁和谁进行过交流，以及交流的时长。凭借这个追踪设备，研究人员就能"在整个活动中建立一个动态网络，捕捉人与人的交往过程"。

平均每位与会者认识屋子里三分之一的人，也就是说大部分人都互不认识，所以这次活动对于他们来说是扩大社交、和不同人结识的机会。的确，很多与会者都在事前调研中明确表示，他们来这里的主要目的就是结识新人。

结果如何？与会者最后和谁交谈了？他们是否按照自己的原定目标，找不认识的人交谈？实际情况恰恰与预期相反，研究人员说："人们打开社交范围了吗？答案是'不'，至少不像他们最初想的那样。我们的调研结果显示，活动中的嘉宾仍然在和自己认识的几个人交流。"

在人类早期历史上，对集体大脑的成长构成最大阻碍的就是社会孤立。以狩猎为生的游牧民族往往在地理上非常分散，很少能相互交流。农业革命后，人们开始密集地生活在一起，但是社会性仍然受到生理和心理等人类特有因素的约束。在上一章中我提到过，塔斯马尼亚岛在与澳大利亚的生态系统分离之后，出现了明显的倒退。

然而，我们今天生活在一个完全不同的时代。人们不仅可以通过社交场合进行交流，还能通过数字网络实现连接。互联网创造了一个跨越全球的超级空间，且"一触即发"——我们只要点击鼠标，就可以史无前例地接触到各种不同的观点、信仰、想法和技术。当然，这正是万维网的发明者蒂姆·伯纳斯·李的最初设想：让网络成为一个科学界分享研究成果和想法的地方。互联网推动了各式各样的组合创新，在很多纵深领域发挥了积极的作用。

但是，社会网络的高度多样性，反倒对本地化社交造成了相反的效果，这在数字世界和线下社交场合都是如此。比如在堪萨斯大学这样的国际化大学里，交友反而变得同质化。即使在一场鼓励人们社交的活动里，最后还是自动出现了"人以群分"的结果。

上述发现反映出现代社会的一种悖论：回声室效应。尽管互联网带来了它所承诺的各种多样性和社交途径，但它也催生了一个新的"物种"——同质化的内嵌群体。这种群体的形成不是因为亲属关系或者类似游牧部落的逻辑，而是思想上的自我调整。可以说，这就是新石器时代所特有的孤立形态在数字化时代的再现——信息在群族之内传播，而不是在群与群之间传播。

在很多情况下，完全不用担心回声室效应。比如你对时尚感兴趣，就会加入这一主题的论坛，和兴趣一致的伙伴交流；如果周围的人都在讨论建筑、足球或者健身，反而会破坏你的享受。所以在这类论坛，多样性不仅没有必要，反而会让人恼火。

但是当一个人试图理解复杂信息时，回声室效应就会造成严重扭曲。比如，有人习惯于从社交网络获取信息，但毕竟这些平台是朋友之间分享信息的地方，人们接触到的大多是与自己意见一致、支持自己观点的人，很少会碰到相左的意见。这种精细化分类会被一个更加微妙的现象放大，就是所谓的"过滤气泡"。平台会通过各种各样的算法——比如谷歌内嵌的算法，无形中对我们的搜索结果进行个性化设置，让我们得到的都是本就坚信的东西，限制了我们获得不同观点的机会。[8]这相当于是安吉拉·巴恩斯实验的高阶版本。社交网络的高互联性，提高了对思想进行分类和调整的可能性。

回声室效应究竟带来了多大程度的影响，目前还有争论，不同研究得到的结果不尽相同。数学家艾玛·皮尔森分析了 2014 年"迈克尔·布朗枪击案"[*]在社交媒体上激发的反应，发现了两种截然不同的声音："蓝营"对布朗的死表示震惊并谴责了警察的强势行径，而"红营"则认为警察是替罪羊，布朗是抢劫犯。皮尔森说：

> "红营"表示达伦·威尔逊比迈克尔·布朗要更安全无害，还声称布朗被枪杀时也带着武器；"蓝营"则带着讽刺的意味将达伦·威尔逊和手无寸铁的迈克尔·布朗作了对比。"红营"大谈原则和正义，"蓝营"则讨论现有制度的不合理性。"红营"谴责政府加剧了紧张局势，迫使密苏里州州长为此宣布进入紧急状态；"蓝营"则说，不能用紧急状态来敷衍塞责，掩盖人权被侵犯的事实。[9]

事实上，这两组人不存在相互的交流，他们只听到自己圈内人的声音，这也证明了网络的人群分组会改变信息的流向。皮尔森写道："在这一事件中，两个背景相左的群体互不关心，这的确产生了很大问题。最显著的就是，这两组人的思考内容截然不同。"

牛津大学的学者赛思·弗拉克斯曼和皮尤研究所领衔的研究，则给数字化世界带来了另一种视角。他们发现，从整个互联网的使用情况来看，数字时代的用户虽然对于相近观点的接受程度更高，但也能看到反方的观点。这一发现

---

[*] 编者注：迈克尔·布朗枪击案发生于 2014 年 8 月 9 日美国密苏里州圣路易斯县弗格森。事发时，18 岁的非裔美国青年迈克尔·布朗在未携带武器的情况下，被 28 岁的白人警员达伦·威尔逊射杀。

并不令人意外，即使是在农业革命后出现的宗族制度中，闭门的各个宗族之间也不会完全相互隔绝。

但是当持有不同观点的群体接触时，会产生怎样的情况？你现在可能以为，听到反方的意见或者看到其提供的证据之后，人们的想法就不会那么极端。但事实并非如此，比如在艾玛·皮尔森的研究中，"红营"和"蓝营"发推特的人在为数不多的几次争论中就擦出了巨大火花。她写道：

> 当"蓝营"和"红营"真的说上话时，场面往往十分难看。就比如"红营"成员给"蓝营"中最有影响力的成员之一德雷·麦凯森（一名学校管理员，在组织抗议的活动中扮演了重要角色）戴上的那些帽子，他们称麦凯森为"到处散播仇恨的坏蛋""把种族主义的猖獗话语奉若神明""吃错药了"。

为了真正理解这背后的原因和回声室效应的内在逻辑，我们需要对回声室和信息泡沫做一个明确区分。正如哲学家阮氏（C.Thi Nguyen 的音译）所说，信息泡沫是最极端的孤立形式，泡沫内的人只看得到同一阵营的观点，而看不到其他任何信息。这种社会群体在现代历史上非常少见，比如邪教。但回声室是完全不同的，它是通过信息过滤这一动作，使得一些人接触不到反面信息。学者伊丽莎白·杜布瓦和格兰特·布兰克的研究发现，英国有 8% 的人对媒体信息存在偏见式吸收的情况，以至于他们对现实的理解存在扭曲。[10]

回声室的显著特点是，其内置的信息过滤器往往不止一个，而是有两个。那么，第二个过滤器是什么？我将它称为"认知围墙"。

III

凯瑟琳·霍尔·贾米森和约瑟夫·卡佩拉是两位传媒和政治学专家，他们在学术著作《回声室》中探究了政治分化的核心逻辑。[11] 他们主要通过拉什·林堡的信息曲解法来做考察。林堡是一位很成功的保守派电台主持人，据报道，他的广播节目每周累计有 1325 万人收听。

两位学者注意到，拉什·林堡并没有试图捂住听众的耳朵，让他们听不到反对的声音，在当今这个高度互联的世界，这也是几乎做不到的。林堡的做法是让反对的声音失去合理性：他攻击那些提出不同观点的人的人品，诋毁他们的动机；他宣称反对者不仅是错误的，更是邪恶的；他说主流媒体表达的都是自由派的偏见，这些自由派无法忍受林堡吐露的真相，因而对他和他的追随者们发起攻击。贾米森和卡佩拉写道："保守党的舆论发起者不断强调主流媒体使用双重标准，有计划地破坏保守党派的地位和信念。"两位作者指出，林堡是通过"极端假设、嘲讽、质疑人格和挑动强烈的负面情绪"等技巧，来诋毁所有反方信息以及政治对手。

现在，我们可以看出信息泡沫和回声室之间微妙的差异了。信息泡沫的边界被密封着，所以里面的人只能听到内部的声音。这就造成了信息扭曲，一旦泡沫内的人接触到外部观点，他们很容易质疑自己所相信的事情。打碎泡沫的方法就是接触外界，这也是为什么很多邪教体系要花那么大的力气，让内部人听不到外面的声音。

回声室则增加了一道过滤器，性质上完全不同。内部人听到很多的内部消息，但在接触到外部信息时，反而更加坚定了内部立场。为什么？因为反对者越是攻击林堡，越是指出林堡的种种观点错误，就越证明了这种攻击是针对他的阴谋。这就显得反对者不是带来新鲜观点，而是制造假新闻。每多一条攻击林堡的证据，围墙就又变高了一点，这使得内外部的分化继续加剧。正如阮氏所言：

> 这就像一种认知与认知间的柔道较量，在这场较量中，对立声音的力量和热情通过一种精心操控的信仰体系，反倒变成了自我推翻的力量。林堡的追随者们看到了主流、自由派的信息，但是主观上拒绝接受。他们的孤立不是因为对信息的选择性接触，而是来源于他们在心中选错了可以信赖的消息源。他们听到了外界的声音，但嗤之以鼻。[12]

或许造成这种现象的一个决定性要素是，信任是信仰的重要组成部分。我们没有时间去检验所有的证据，很多时候都是在接受一些表面的东西，从第一性原理去追根溯源基本上是不可能的。人们信任医生和教师。即使是专家也信任其他专家，把他们的数据和研究成果转化为自己思想的一部分。信息世界和商业世界并无二致，都以信任为前提。正如阮氏所言：

> 扪心自问：你能区分一个好的统计学家和一个不称职的统计员吗？你能区分一个好的生物学家和一个糟糕的生物学家吗？你能鉴别出一个好的核工程师、放射

学家或宏观经济学家吗？实际上，没有人能真的做出这么长链条的评估。相反，我们会依赖一个极其复杂的社会信任结构。我们无法不相互信任，但正如哲学家安妮特·拜尔所说，这种信任使我们变得脆弱。[13]

回声室利用的就是这种认知上的弱点。通过系统性地破坏人们对反对意见的信任，通过诋毁和攻击那些提出不同见解和观点的人，回声室引入了一套信息过滤系统，形成了一种扭曲信仰。反对意见在出现的第一时间就被未经思考地驳回，事实摆在桌面上的那一刻就惨遭拒绝，正反双方的观点和证据就像磁铁的同极一样相互排斥。阮氏写道："回声室就像长在我们认知脆弱性上的寄生虫。信息泡沫让你听不到外面的声音，回声室让你根本就不相信外部的人。"

我不是在讨论某位电台主持人，更不是在讨论英国政治的哪个派别，我是在分析回声室效应这个现象本身。回声室效应是普遍存在的，比如反对疫苗的人群就明显地形成了一个回声室，超越了政治的范畴。我在很多话题的讨论过程中都遇到过回声室效应，节食、健身技巧、母乳喂养，以及一些传统的商业习俗等。[14]

正是信息和信任这两道过滤器，在群体内部创造了一种无与伦比的凝聚力和抗冲击力。信息泡沫本质上是脆弱的，但回声室效应反而会因为圈内人持续接触到圈外的观点而不断强化，从而导致观点的进一步分化。于是，双方竞相指责对方说的是假消息，都认为对方站在真理之外。正如阮氏所说："一个群体的信仰体系是否在主动、积极地攻击任何不认同其核心教条的外来者？如果情况如此，那就是出现回声室效应了。"[15]

IV

德里克·布莱克的与众不同之处在于，他不是在数字时代造就的回声室里长大的。他从小就参加过很多白人主义的活动，在那里听周围的大人讨论黑人在智力上所谓的"劣势"。伊莱·萨斯洛写道："德里克的社交活动都发生在'风暴前线'，他刚一学会打字就整晚泡在网络聊天室里。德里克读完三年级后父母就让他退学，因为他们认为西棕榈滩的公共教育系统涌入了太多的海地人和西班牙裔人。"[16]

退学之后，德里克接受的都是家庭教育，吸收了越来越多的白人至上主义观点，长期接触种族主义思想。布莱克一家住在西棕榈滩，他们的房子就像一座小型孤岛，周围的植物胡乱生长，除了白人至上主义者和家庭成员外，没有其他人可以入内。这样一来，你很容易以为德里克的极端主义观点来源于社交孤立。他之所以对自己的信仰坚定不移，是因为接触不到外部的信息。但事实上，德里克的生活环境固然独特，但他并非生活在完全封闭的群体里，他的教父大卫·杜克和他的父母都没有阻止他听到反对的声音。所以，发生在德里克身上的情况不能套用我们之前提到的术语——信息泡沫。

是回声室效应把德里克变得如此盲目和狂热。杜克从不阻止他接收对立信息，但一直在打碎他对那些信息的信任感。但凡不属于白人至上主义的人群——也就是那些不能忍受极端主义语言、更无法接受极端主义所谓"合理要求"的人，都会被扣上欺诈的帽子，被称为"存心把欧洲白人出卖给各类移民和犹太人"的自由派成员。

这就解释了为什么在德里克接触到互联网、电视新闻及其他信息渠道后，他的立场反而变得更加顽固，因为他听到的反对声音不是在合理表达观点，而是在兜售虚假消息。德里克觉得那些发布信息的机构看似政治正确，但在谈到某些观点时却出现了两面派的行为。伊莱·萨斯洛这样描述："他对陌生人的意见置之不理……批评者对他而言不过是幕布另一边的一支匿名合唱团——一群'篡位者'和'石器时代的人'。他无法从本质上尊重这些人，又怎么会在乎他们的意见？"[17]

21 岁时，德里克·布莱克离开家去上大学。他选的学校是新佛罗里达学院，该州最好的学院之一。德里克选了德语和中世纪历史专业，因为他一直把这个学科和欧洲白人的辉煌统治史联系起来。他的父母提醒他不要只是去学习历史，更要自己创造历史。值得注意的是，他的父亲一点儿都不担心他的极端主义思想会被对立面的声音所中和。曾有人打电话到德里克的电台节目，问他有没有发现自己正身处多元文化的温床，德里克的父亲听说后笑道："这些人绝不可能动摇他的思想。如果有人会被动摇，反而是这些人自己。"

新佛罗里达学院不同于其他大学，它的规模很小，总共只有 800 人。在一所大型学校里，德里克可能会找到一大批伙伴，建立起一个想法相似的社会网络。然而在这样一所小型学院里，不存在"人以群分"的环境。所以德里克发现自己比以往任何时候都更多地暴露于反方观点之中，以至于他的信息过滤器彻底失效。

上学的第一天，德里克遇到了留着稀疏胡子和长长鬓角的胡安·埃利亚斯，他是一位秘鲁移民。在这之前，德里克几乎没和任何西班牙裔打过交道，他们一起聊了好一会儿生活话题。过了几天，德里克在院子里弹吉他时，发现一个戴着圆顶小帽的学生坐下来听。这个人叫马修·史蒂文森，是该校唯一一名正统犹太教徒，他微笑地和着德里克的音乐唱起歌来。

德里克不想在学校被孤立，所以从一开始就打算隐瞒自己的政治身份。他小心翼翼，从不在人前讨论政治，至少从不讲出自己的信仰和倾向。他经常在晚上和同学们聚会，聊历史、语言、音乐，然后一大清早离开寝室来到电台，开始宣扬各种白人至上的思想。

一年后，德里克的立场丝毫未变，基于信任的信息过滤器一直维持着他的极端主义思想，他仍然是白人至上主义的最大希望。但同时，不断有人嘲笑他不具备自己的独立思想，这让他非常烦恼。不过，他很高兴在这样的"异端"环境中自己仍能坚持信念。德里克最痛恨周围人说他不过是被家庭灌输了某种思想，这种说辞让他感到了极大的羞辱。第一个学期结束后，他利用 4 个月的假期飞往德国，去一所沉浸式语言学校修学，还拜访了教父大卫·杜克，并继续阅读了很多关于种族主义的书籍。在假期过去 3 个月的时候，他登录了学校的学生博客网站和朋友聊天，看看有什么新闻。

还真有一条大新闻。几天前的凌晨 1 时 56 分，有位研究政治极端主义的学生在某网站上看到一张年轻人的照片，红色长发，戴着宽边帽。他震惊不已，发了一篇博客还配了照片："你们见过这个人吗？德里克·布莱克，白人至上主义者，电台主持人……新佛罗里达学院的学生？"

短短几小时，这篇博客就成了学院历史上跟帖最多的帖子。

德里克知道接下来会发生什么。回到学校后，过去的朋友都开始排斥他。有人写道："我只想让这家伙全家都不得好死。请问这个要求过分吗？"另一个人写道："对白人至上主义者的暴力行为只会传递出一个信息，那就是他们必将受到痛打。这招绝对有效。"

某天，德里克和开完派对的几个同学发生冲突，后来有人担心他会挨拳头就把他拖走了。学生们刮花他的汽车，对他大声咒骂，甚至有人就因为看到德里克在学校出现而罢课一天，以示抗议。

对德里克来说，这一切都印证了他从杜克和父亲那里学到的东西：自由派都是死硬分子和专制者，他们无法忍受对立观点，甚至不允许对立观点的表达，只有白人种族主义者才站在科学和道德的高地。为了对抗这股势力，德里克为"风暴前沿"的成员组织了一场国际会议，主题为"任何一名正常白人的口头反击策略"。他在电台里呼吁："快来学习如何对抗敌人的口头污蔑。"他预约了十几位主题演讲嘉宾，包括他的父亲和大卫·杜克这两位最口若悬河的白人民族主义倡导者。

德里克关注每一个细节，从会议标志的颜色到午餐的袋装三明治。那次大会上，来自欧洲、澳大利亚和加拿大的极端主义者甚至在他还没开始致辞的时候就纷纷起立鼓掌，这让他感到自己身处于众人的中心。

然而，几天之后，一切都改变了。

V

马修·史蒂文森头发乌黑，眼睛明亮，留着短短的胡子，举止沉着，面相友好。他在佛罗里达州迈阿密长大，在犹太信仰中成长，14 岁时开始戴犹太人的圆顶小帽。他的成长过程颇为艰辛，最主要的问题是母亲严重酗酒。他很小的时候就开始陪母亲接受治疗，参加互助活动。"我得到了很大的成长。你在这里能看到很多人 —— 富人、穷人、白人、黑人，能听到很多不可思议的故事，知道人们是如何跌入谷底，又如何爬上来。你渐渐就有了同理心。"

马修是一位正统的犹太教人士，是德里克在新佛罗里达学院入学几天后遇到的人，也就是那个戴着小圆帽、跟着德里克的吉他哼起小曲的人。我在一个阳光明媚的冬日下午采访过马修，发现他的确是一个很有思想的年轻人。他通过互助活动学到很多，尤其是懂得每个人都具有改变自我的能力。

在聊到发现德里克的白人至上主义信仰时，他说："刚认识的时候，我完全不知道他的思想背景。我们只是喜欢聚在一起聊聊天。我们算不上最好的朋友，但喜欢待在一起。关于他的消息曝光出来的时候，我和大家一样都非常震惊。"

马修之前就知道"风暴前线"。和很多担心白人民族主义抬头的学生一样，他也经常浏览这个网站，试图弄清让仇恨浪潮高涨的背后原因。"听说德里克的消息时，我回去找了他的帖子出来。他的言论真让人震惊，他说犹太人钻入社会的权力阶层，善于钻营和污蔑。"

马修的很多同学听闻德里克的消息后，立即就把他拒之门外，学校论坛在好几个星期，甚至好几个月里都充满了对丑闻的痛斥。但马修追根溯源地思考了德里克的成长过程，以及他所处的白人民族主义的文化环境。他觉得，任何一个年轻人在这样的环境中长大，都会生发出民族主义的苗头。马修说：

我知道他不太会花时间和不同于自己的人待在一起，也没有很多黑人或者犹太人朋友。平心而论，在这样的有毒文化中我也很难不变成一个像他这样的白人民族主义者。我觉得正确的做法应该是主动和他接近。通过互助活动的经历，我知道人可以发生重大的转变，也知道这种转变是如何发生的。

每周五马修都会为朋友们举办一场聚餐，一开始人数不多，后来渐渐变成了校园里一个固定的社交活动。一般都有超过 15 个人挤进他的寝室分享食物，这是一种建立友谊和分享想法的好途径。

就在"风暴前线"召开会议的几天前，也就是德里克回到校园的时候，马修慎重地给他发了一条短信："嘿，你周五晚上打算干什么？"周五下午马修再次发短信："很期待今晚能看到你啊。"

德里克那时比以往任何时候都更孤独，于是接受了邀请。他后来回忆说："那时候再也没别人邀请我了！"

马修这样写道："大家一开始确实有点为难，不知道会发生什么。我让另外两位同学（大部分朋友都不愿意和德里克一起参加）到时不要谈政治。活动进行了几分钟，场面还算平稳，他是一个聪明的人。他第二周、第三周也都来参加了活动，我其实很喜欢和他交朋友。"

马修避开了政治话题。他意识到，这种敏感的话题容易导致人们的对峙，尤其会刺激到那些抵制过德里克但之后又陆陆续续重返每周聚会的同学。并且，马修不认为直接展开政治方面的交流可以改变德里克，至少一开始不会。他觉得在展开任何实质性的交流之前，必须建立一些别的东西，比如信任。

他们从历史开始聊起。德里克一直都对马修的渊博知识感到钦佩，而马修也觉得德里克是他见过最聪明的人之一。他们两个本就是学院里的尖子生，互相之间的情感连接也因为这样的交流而变得更为紧密。他们在一起欢笑、一起学习，慢慢地，越来越多的同学回到了每周的聚会，也开始和德里克交朋友，认知的高墙渐渐被推倒。

一天晚上，到场的一个名叫艾里逊·戈尔尼克的同学自顾自地聊起了政治话题，德里克在一旁听着。他们聊到白人民族主义产生的原因：民族主义者认为黑人的平均智商低于白人，黑人天生就更容易犯罪，种族之间有着不可逾越的生物性差异。德里克始终坚信这类"伪科学"的逻辑基础，所以他真心认为少数族裔应该被遣返，这对白人和黑人都有好处。

艾里逊又带来一些科学论文，挑战这些种族主义言论的统计依据。德里克以前听说过这类论文，但没有查阅过。为什么要花时间研究自由派骗子和所谓科学机构引用的假数据呢？为什么要花时间看那些遭到篡改并服务于既定意图的信息？

不过现在，他感觉自己的心态更加开放了。他读了一些论文，慢慢认识到智商差异其实可以用文化偏见来解释，了解到刻板印象的危害，知道了第一代移民儿童在学校的平均成绩其实要高于美国本土学生，也读到了造成人类基因差异的根源及其影响。

长期以来，他一直打心底里相信白人在现代美国遭受到了更加不公的待遇，然而如今他却不得不面对实实在在的数据：州政府中很少有黑人代表；白人比同等资历的黑人更容易被提拔；即使犯下同样的错误，黑人学生被学校开除的概率是白人学生的两倍；做同样的工作，黑人拿到最低薪水的可能性也是白人的两倍；在同样的资质条件下，黑人得到面试资格的机会要少得多。

德里克的生活、童年回忆和身份感都与白人民族主义紧紧结合在一起，他的家人、朋友和圈内伙伴也是如此。但他的信仰基础之所以被推翻，并不是因为他从没接触过反方的证据，而是因为他没有真正坐下来审视这些证据。但慢慢地，他的意识觉醒了，原来那些所谓的证据并不足以支持白人民族主义。其实这样的改变是势必会发生的。不过他也知道，如果就此公布他的全新认识，一定会危及他的社会关系，尤其是与父母的关系，于是他在某天晚上写下了这段文字：

> 在我从小长大的社区中，大部分人都坚信白人民族主义，我非常尊敬的家庭成员，尤其是我的父亲，也一直是这项事业的坚定拥护者。很小的时候，我就看到父亲为这一事业所做出的巨大牺牲。这种信念并没有任何明确的源头，只是来自对这项事业的无限热忱。当然，我并不打算在这些社会关系中制造任何阻碍，也不认为这样做有任何必要。
>
> 然而，过去几年中我的信仰发生了变化，这使我感到不得不采取一些相应行动。

在当下的社会，面对白人与其他族裔在社会权力方面的差异，你很难在理性的情况下说出白人是受压迫的种族。更让我感到不可思议的是，有人指控犹太人掌握着社会统治地位。这些鼓动性的语言我已经无法再接受，包围我的泡沫也已破灭。我和曾被我伤害过的人们交流，并广泛地阅读，最终意识到，我的行为已经对我从未有意伤害的人产生了直接的影响。[18]

随后，他找到了南方贫困法律中心的电子邮箱地址，并按下了发送键。这个组织几十年来一直在追踪他父亲的行动。

VI

在当代对"后真相"时代的分析中，最主要的问题是在定义上容易将信息泡沫和回声室效应相混淆。

前者指的是：信息曝光的缺失会导致人们产生极端主义思想，也就是当接触不到多元的观点和证据时，人们更有可能固守极端主义的信仰和思想。正如法律学者卡斯·桑斯坦在一篇极具影响力的文章中所说：

尽管数亿人都在利用互联网拓展自己的视野，但很多人的做法却适得其反，因为他们自创了一个叫作"每一天的我"的频道，专门搜索符合自己兴趣或偏见的消息。我们必须意识到，无论对于网络世界还是真实世界，一个存在"封闭社区"的系统都是有害的。

这一分析听起来很有道理，但很难经受实证检验。证据显示：很多极端主义者事实上都会接触到对立观点，但丝毫不受这些观点的影响。于是人们找到了另一套解释，集中探讨心理因素（就是人们懒得去理解对立观点）。这个想法的基础是，很多人其实对真理本身失去了信任。

掌握了回声室的特性，就能给出一个更加解释得通的说法。问题并不在于人们被困在一个邪教式的信息泡沫里，也不在于像传染病一样流行的非理性因素。真实情况要微妙得多：外部信息遭到了系统化的贬低，形成信任的过程本身被扭曲。在一个信任先于证据的世界里，这是非常危险的。正如阮氏所言：

> 回声室是一种战略性抹黑对方的机制，与信息沟通的顺畅度无关。即使信息流通得很好，回声室也可以存在。事实上，回声室的制造者反而希望他的成员接触外部信息，因为只要过滤机制有效，这种信息暴露反而会增强会员的忠诚度。所以我们不能根据数据简单得出结论，说信息泡沫或者回声室效应不存在。

*

德里克·布莱克和马修·史蒂文森是当今世界上反对极端思想呼声最高的两个人。他们不在意意见分歧，哪怕是剧烈分歧，但是很担心人格攻击、假新闻以及针对敌手的信任瓦解等问题。他们在热门电视节目、青少年活动，甚至一些希望了解"后真相"时代的公司里一起上台发言。马修正在攻读经济学和数学博士学位，目前还在帮助一家慈善机构增进社区居民的相互理解。德里克正在完成历史博士学位的攻读，他的推特标签上写着"一个出人意料的反种族主义倡导者"。

德里克向南方贫困法律中心发出那封邮件之后，生活变得非常艰难。这件事在白人民族主义的人群中掀起了巨大风暴，他的父亲起初以为邮件被人冒名了，母亲则不愿再和他说话。至于大卫·杜克，他推测德里克患上了斯德哥尔摩综合征——认为他被对立派的思想绑架了，并对绑架者产生了同情和依赖。德里克说：

很快我就接到了父亲的电话。他以为我的邮箱被黑客攻击了，因为我完全没向他提过这件事。我对于（白人民族主义）的谴责让他十分震惊。当然，我的做法也没什么值得骄傲的。之后几天，我们父子间进行了非常激烈的对话，我都不知道未来他还会不会和我讲话。

马修告诉我：

最初的几个月对德里克是最困难的，因为他的社交生活和身份都和这一思想体系绑定在一起，需要很长时间的调整。但德里克的转变再次印证了当初我跟着母亲去匿名戒酒所时看到的情况。人是可以改变的，前提是他相信你。只要你建立起真正的关系，对方就会愿意听你说话，而不是贸然否决你的想法。

有人这样定义人身攻击："这是一种荒谬的论证策略，它回避掉了当前围绕真正主题的讨论，不对论点本身展开辩论，转而攻击提出论点的人或与论点相关的人，质疑其性格、动机或其他特质。"芬兰哲学家雅克·欣提卡的一篇论文中说，最早是亚里士多德在他的一本著作《辩谬篇》中探讨了这种谬证法。[19] 之后，这种谬证法一直是哲学研究的主要内容，尤其是在约翰·洛克的著作中。他写道："这值得我们好好反省一下……人们在争辩的时候，常会利用这种方式来征得同意，或者至少是通过震慑来使对方保持沉默。"[20]

"人身攻击"所能触发的巨大质疑在很多心理学研究中都得到了印证，比如，一次针对39名大学生和199名成年人的调研发现，当你攻击某些人的性格问题时，这个人的可信度就会被大幅削弱，其效果等同于论据被人找出硬伤。当然"人身攻击"并不总是荒谬错误的，如果一个人总是说谎，或者和你存在利益冲突，那么曝光这个人的做法也未尝不可。但问题是，如果一个人的人格遭受攻击，并非因为错误行为，而仅仅因为他是对手，或者一种观点从一开始就被打上有违诚信的标签，这种认识论的"部落主义"就不属于知情辩论的缩水版本，而是把这种辩论推向了对立的两极。

马修·史蒂文森对我说："如果公众人物知道，不断攻击对手的人品反而会让自己一方失去信任，他们就会更关注证据面。这样一来辩论的调性和商讨的质量就会提升。如果一个人不自觉地就开始攻击对手的可信度，他丧失的反而是公众对自己的信任。"

在最初的激烈对峙之后，德里克·布莱克和父母达成了一定程度的和解。"我们互相发信息，也会时不时通电话。在过去的五六年里，我回过三四次家，每次待一两天。"他说,"能够好好地沟通,比我们的分歧更重要……. 我父母也为此做出了努力。"目前很难预测他们的家庭关系会何去何从,但既然这名弹着吉他的学生可以被马修·史蒂文森感化,那么他也完全有可能推倒父母的认知高墙。毕竟,德里克和唐之间不仅有信任,还有爱。很可能,他们的讨论有朝一日会带来最为戏剧性的转变。

"他们说不信任是会传染的,"马修说,"有时候信任也会传染。"

打破标准化

I

到目前为止，本书主要探讨了同质化、统治型团队的动态反应机制以及回声室效应的危害，还分析了外部思维和重组式创新的重要性。现在我们知道，如果能真正理解多样性，那就可以解释很多"知其然而不知其所以然"的事情，比如中情局的失败，比如提出建设性异议的好处，等等。

在这一章中，我们将从一个全新的视角来审视多样性。我们会看到，如果人类对自身的理解存在概念性的谬误，那么多样性的作用就会受到严重破坏，这将阻碍企业、机构和整个社会充分发挥其潜力。而事实上，这种概念上的谬误已经渗透到了很多科学领域的分支。

要充分理解造成这种谬误的根源及其产生的影响，还需要做一些深入的挖掘。我们可以从一个最令人困惑的现象说起，那就是在饮食和营养方面"公说公理，婆说婆理"的各种建议。这可能看上去和多样性科学没什么关联，也和我们前面谈到的内容相去甚远。但不同饮食建议的分歧其实阐明了我们世界中一个问题的重要侧面，对我们的未来也会产生巨大影响。

*

伊兰·西格尔感到很困惑，或者更准确地说，他已经不知所措。对于一位从斯坦福大学获得博士学位的杰出科学家来说，这种感觉并不令人愉快。不过，只要花过几分钟时间去思考饮食和营养之间关系的人，都会对他的困惑感同身受。我们知道饮食对健康长寿有很大影响，但事实却没有那么简单。

读大学的时候，西格尔很喜欢打手球，吃得也很健康，但体重却超标 50 磅。23 岁时，他在一个派对上认识了后来的妻子凯伦。凯伦是一位临床营养师，掌握着最先进的科学知识。她遵循美国饮食协会的指导方针为西格尔做营养餐，里面搭配了很多新鲜蔬菜，然而西格尔的体重丝毫未变。

西格尔告诉我，后来他就决定不再遵循这些指导方针，并且想要弄清楚其背后的科学依据到底是什么。他说："我没想到会是这样，很多研究都是基于很小样本的人群，调研资金也是由一些食品公司提供的。这不能不让人产生怀疑。难道这些研究并不如我想的那样严谨？"[1]

凯伦笑了起来："他通常都是一个随和的人，但对数据就会钻牛角尖，这对他来说真的很重要。"

或许最让伊兰·西格尔惊讶的是，很多研究结果都互相矛盾。有的研究呼吁低脂肪饮食，有的则鼓吹高脂肪饮食。不少畅销书大肆宣扬所谓的原始人饮食法、地中海饮食法、亚洲饮食法，或是这三种的结合，还有其他一些热门的懒人饮食法。消费者被五花八门的饮食方案吸引，又很快退烧。于是出版方就做些修改，然后让它们以另一种形式回归市场。

以碳水化合物为例。一些证据表明，低碳水化合物、高脂肪的饮食有益于健康；而另一些则表明，最好的饮食构成应该是低脂肪和高碳水。双方都有证据，从某种意义上说，等于双方都没有证据。这简直成了一个让人困惑的谜团。西格尔最开始也一头雾水，但他渐渐开始了对这一领域的深入探索。

西格尔有很强的好奇心，谈到自己的探索之旅时，他的眼里闪着光芒。他和凯伦还有三个孩子住在一起，家里养着一只叫斯诺的狗和一只叫小蓝的猫，生活简单而平凡，这跟其他同样被各种饮食建议弄得云里雾里的人没什么差别。但是伊兰·西格尔具备一个巨大优势——拥有世界级的计算机水平（20多岁时他获得了著名的奥弗顿奖，该奖每年颁给一位年轻的杰出科学家），并且在世界顶级学术机构之一的魏兹曼研究所任职，这些条件足以帮他彻底找出谜底。西格尔对我说：

> 面对各种各样的饮食建议，很多人都会感到困惑，这一点也不奇怪。2012 年，美国心脏协会和美国糖尿病协会建议人们喝无糖苏打水，以减轻体重、改善健康，于是无糖苏打水的销量大幅提升。但是随后的很多研究却表明情况恰恰相反。1977 年，美国政府说摄入脂肪不好，应该摄入更多膳食纤维，于是人们都照做了。可男性肥胖者的人数还是增加了两倍，女性则增加了一倍。

这些话表明，他的兴趣不仅仅停留在理论研究的层面。实际上，饮食已经成为一个重大的公共问题。如果你住在美国，你有 70% 的概率体重超标，有 40% 的概率肥胖。英国的数据也类似。自 1980 年以来，全球人口的肥胖率翻了一番多。2014 年，有超过 19 亿成年人（占世界人口的 39%）体重超标，其中 6 亿人肥胖。西格尔指出："那么多人被饮食建议搞得晕头转向，这肯定无助于肥胖症的遏制。节食的人常常体重反弹，其实很多证据都表明，节食反而会增加体重。"

一项针对美国电视台热门减肥节目《最大输家》进行的研究显示，参赛者通过运动和控制卡路里的摄入减掉了大量体重。然而，大幅减重的代价却是代谢功能的急剧下降。6 年后，这些人的代谢变得极其缓慢，以至于根本不敢跟与他们体重相同但从未肥胖过的人摄入同样多的热量。科学家称这种现象为"持续代谢适应"，而这只是西格尔在研究时发现的几十种异常现象之一。他说："很多人都知道一些公认的事实，譬如说饮食应该包括脂肪、盐、蛋白质、纤维、维生素和矿物质。但除了这些常识之外，我们几乎什么都不知道。"

西格尔在 30 多岁时开始参加马拉松比赛，他本想看看节食能否帮助提高跑步速度，可在这时又遇到了新的麻烦，因为专家给跑步者的饮食建议也同样互相矛盾。他说：

> 开始跑步那段时间，最重要的一件事就是比赛前"必须摄入碳水化合物"。一般来说，我会在比赛前一晚吃 3 碗意大利面，在赛前 30 分钟吃几个枣子或能量棒。起初我并没有质疑过这个建议，这是马拉松界的一条公理。但过了一阵子，我觉得还是应该好好研究一下。

> 可他越研究就越困惑：有人说碳水化合物都是一样的，有人则认为有"好"

碳水化合物和"坏"碳水化合物之分。一项研究称在跑步前30到60分钟吃枣子能补充能量，而有一些人则觉得吃了以后反而体力下降，跑步过程中不得不停下来休息几分钟。

西格尔说："我决定拿自己做个实验。有一天晚上我没吃意大利面，改吃有牛油果和坚果的高脂肪色拉。结果，第二天我连跑20公里没吃过任何东西。"这一情况和主流建议相矛盾，很多营养师甚至会说这样饮食是在自我摧残，但西格尔的确觉得自己比以往任何时候都更强壮、更健康、更精力充沛。他说："我的能量值比摄入碳水化合物的时候要高，跑步后的饥饿感也消失了。我推断这是因为身体从燃烧碳水化合物转变成了燃烧脂肪，这改变了我的能量值，也就减轻了饥饿感。"

他曾在巴黎实现了3小时内跑完马拉松的壮举。2017年，他在维也纳又一次做到了这一点。然而，他仍没有实现自己的终极志向——悟透饮食科学。

"我不会放弃的，"他说，"这是一个必须破解的谜。"

II

20世纪40年代末，美国空军也遇到了一个难题。那是喷气动力飞行的早期，当时工程技术的可靠性已经达到了一个历史最高水平，但是空军却一次又一次遭遇事故。"那段时间事故频发，出问题的飞机非常多，可以说美国空军面临着一个生死攸关的迷局考验。"哈佛大学学者托德·罗斯写道。一位退休的飞行员称："当时飞行真的很困难，你永远不知道飞机会不会栽进土里。"[2]

要了解问题的严重性，可以参考美国空军 1950 年 2 月的官方记录。在当月的第一天，出现安全问题的飞机就包括查尔斯·L. 弗格森的 C–82 双引擎双吊杆运输机、曼德夫·特拉弗斯的 P–51 野马远程单座战斗机、马尔科姆·W. 汉纳的德克萨斯教练机和赫尔曼·L. 史密斯的波音 B–29 飞机。哈里·L. 麦格劳、威廉·K. 胡克和乔治·T. 舒斯特这三位飞行员也遭遇了事故。值得注意的是，所有这些事情都发生在同一天——1950 年 2 月 1 日，但从总体统计结果来看，这只是一个典型的 24 小时，事故次数并没有异常增多。同月的第二天共发生 4 起安全事故，第三天发生 7 起，第四天又发生 4 起，当月 14 日竟发生了 16 起。整个 1950 年 2 月，总共发生了 172 起事故。[3]

这究竟是怎么回事？问题似乎并不出在飞机的机械或电子系统上，因为工程师做了彻底检测，发现它们都运转良好。飞行员的水平也没有突然下降，他们都是训练有素的专业人士，在业内享有很好的声誉。

既不是设备问题，也不是飞行员技术问题，还能是什么呢？为了解开谜团，一位毕业于哈佛大学、专门研究体质人类学的专家展开了研究。这位名叫吉尔伯特·S. 丹尼尔斯的中尉不是一名典型意义上的飞行员，他沉默寡言，说话轻声细语，做事有条不紊，学识渊博，爱好之一是园艺。在性格和兴趣上，他与伊兰·西格尔非常相似。丹尼尔斯产生了一种强烈的预感，他认为问题不在于设备故障或飞行员的判断失误，而在于驾驶舱本身的设计。

1926 年，美国空军曾将数百名飞行员的身高等数据分类整理后，对驾驶舱的设计进行了标准化，也就是根据飞行员的平均身体特征来确定椅子的高度、人到踏板和操纵杆的距离、挡风玻璃的高度、头盔的形状，等等。空军内部的一些人认为，可能是自 1926 年以来飞行员的体型发生了变化，导致他们在操作控制台时十分不便。这会是事故频发的原因吗？丹尼尔斯有不同的想法，他认为问题不在于普通飞行员的体型变化，而是"普通飞行员"这一概念本身存在问题：也许世界上根本就不存在普通飞行员。

1952 年，丹尼尔斯获得了验证自己直觉的机会。他在莱特帕特森空军基地负责一个项目，专门测量飞行员的身体尺寸。丹尼尔斯全身心地投入这项工作。他先仔细将 4063 名飞行员的数据按 140 个尺寸标准制成表格，包括拇指长度、胯部高度、飞行员眼睛到耳朵的距离等[4]，然后找出他认为在驾驶舱设计中最重要的 10 个维度，并计算每个维度的平均值。换言之，他就是在用表格呈现出所谓"普通飞行员"的身体尺寸。

但有多少飞行员符合这些平均数？丹尼尔斯在计算时将尺度放得很宽，只要一名飞行员的数据在给定值的上下 30% 以内，则认为他符合平均数。比如，飞行员的平均身高是 5 英尺 9 英寸，那么只要这个飞行员的身高在 5 英尺 7 英寸到 5 英尺 11 英寸的范围内，就符合平均身高要求。

多数军事专家认为，大部分飞行员的身体尺寸都处于这 10 个维度的平均值范围之内，因为平均数就是从飞行员的身体尺寸数据中计算出来的。此外，正如托德·罗斯指出的那样，这些飞行员都曾经过预选，本来就符合要求的基本身体规格，空军不会去招募一名 5 英尺 4 英寸的飞行员。

但实际情况如何？有多少飞行员在 10 个维度的平均值范围之内？没有一

个。在超过 4000 人的测试群体中，没有一个人符合平均值的要求。丹尼尔斯的预感得到了有力的证实，问题不是在于自 1926 年以来飞行员的平均体型发生了变化，而是根本就不存在所谓的"普通飞行员"。正如托德·罗斯所说："一名飞行员可能手臂比平均长度长，但腿却比平均长度短。另一名飞行员可能胸部很大，但臀部很小。"即使丹尼尔斯在 10 种尺寸中只挑 3 种，比如脖子、大腿和手腕的周长，也只有不到 3.5% 的飞行员符合平均值要求。[5]

这怎么可能？没有一名飞行员符合平均值，这个发现看起来不合逻辑，让人匪夷所思。如果你测量一组人的某个平均值，其结果肯定能反映出这个群体中某些个体的情况，毕竟这个平均值是从所有个体样本中计算出来的！但事实证明，对平均值的关注会带来误导。以编织蚁的体长为例，有些编织蚁体型非常大，有些非常小，这意味着平均值根本无法反映个体情况。在某种意义上，这个平均数是不具代表性的，这种情况被称作"多峰分布"。

人类男性的身高数据则符合另一种分布样式——"钟形分布"，也就是说大多数人位于平均值附近。但是驾驶舱的设计不仅仅是基于身高，而且关乎人体的各个维度，包括胸围、臂长、腿长、躯干围等。你可能以为，一个人如果在某个维度上数据很大（比如颈围），那么他在另一个维度上数据肯定也很大（比如腰围），但实际上，数据之间并不存在这样的相关性。也就是说，任何在这些维度上取平均值的做法都会抹杀多样性。

以下图的两个人为例。如果只看图中这些维度的平均数，你会觉得这两个人的身材相差无几，但实际上左边的男人体重更重、身高更矮、肩膀更窄、脖子更粗、手臂更短、腰围更宽。如果把两人各自在每个维度上的数值综合加

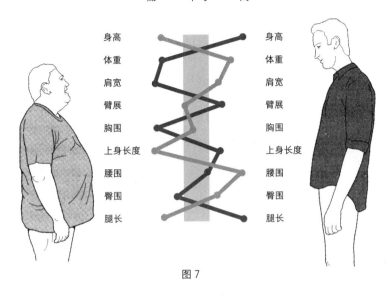

低　平均　高

身高
体重
肩宽
臂展
胸围
上身长度
腰围
臀围
腿长

身高
体重
肩宽
臂展
胸围
上身长度
腰围
臀围
腿长

图 7

总，那么他们都符合平均水平。但是从任何一个单一维度来看，他们之间相差甚远。

我还可以用智商测试的例子来解释这一点。你可能以为，如果两个人的智商都是 105 分，那么他们在测量智商的各个维度 —— 比如言语理解、解决问题的能力等方面都会非常相似。但正如托德·罗斯所说，这种关联度是很微弱的。某个人很有可能在逻辑推理方面分数很高、常识问答方面分数很低、言语理解方面成绩中等……单纯的分数不能反映出这些差异，甚至会掩盖差异。而检验一个人的综合表现时，其实最重要的就是那些细微的不同。[6]

丹尼尔斯的研究给人当头一棒。按照普通飞行员的标准来设计驾驶舱，可能听起来合乎逻辑，甚至很科学，其实却充满了潜在危险 —— 这么高的事故率，这么多次坠机，正是标准化的驾驶舱设计造成的。这也迫使空军开始寻找一种新的设计方式，改变以往所谓的标准化设计。实际上，没有一个人可以套用这种标准，并将其转为一种能适应不同人的不同特征的设计。

果然，当飞行员可以自由改变座椅高度和操纵杆距离时，事故率开始骤降。再说，与事故带来的损失（更不用说人员伤亡）相比，创造这种灵活性的成本微乎其微。美国空军在安全性方面的表现迅速改善。

III

美国空军的标准化驾驶舱只是大千世界中被标准化建构的一个缩影而已。标准化的教育、标准化的工作安排、标准化的政策、标准化的药物，甚至还有标准化的心理学理论，所有这些都从不同方面忽略了人类的多样性本质，把人视作平均化产物，而不是鲜活的个体。这就将我们带回到本章开头讲的那个问题：标准化导致的缺陷会如何让我们忽略多样性，从而失去多样性带来的好处？

每个人都不一样。我们有不同的体格、不同的认知特征、不同的优势和劣势、不同的经历和兴趣，这正是人类最美妙的地方。如果差异性体现在一些重要的方面，那么一个开明的制度就应该考虑到这种差异。毕竟，如果每个人都被塞入僵化的系统（比如标准化的驾驶舱），如果每个决策者都被平均数迷惑，模糊了人与人的不同，那我们怎么能利用好多样性并从中获益呢？

我举个简单的例子来讲清这一逻辑。2014 年，谷歌公司做了一个实验，让一组心理学家给销售和行政管理人员举办一场简短的研讨会。我们知道，销售和行政类工作通常都会以标准化的方式，在规定的时间段里用规定的工具来完成，并且这种标准化不仅是实体意义上的，也是观念上的。的确，想在这类工作中注入灵活性简直不可思议。毕竟他们都是销售人员和行政管理人员，又不是需要进行设计和创造的工程师。[7]

但研讨会鼓励这些专业人士不要把自己的工作看成固定不变的东西 —— 就像标准化的机舱那样，而是要看作一件可以调节的设计品。心理学家们教这些销售和行政人员如何发挥自己的优势，如何基于自己的兴趣才能和公司的目标来构建工作的模式，一句话，让他们把自己看作具有独特技能和洞察力的个体，而不是机器中的某个齿轮。正如实验的主持者之一亚当·格兰特所说：

> 我们向数百名员工介绍了这样一个概念：工作不是静态的雕塑，而是灵活的积木。我们向他们展示了一些例子，让他们看到别人如何成为个人工作的设计师，如何个性化定制自己的任务和人际关系，以便更好地与自身的兴趣、技能和价值观保持一致。比如一名很有艺术天分的销售人员志愿设计一个新的标识，一个外向的金融分析师以视频聊天而不是电子邮件的形式与客户沟通……他们开始为自己的角色创造一个更理想但不脱离现实的新愿景。[8]

结果怎样？公司管理者和普通员工都认为，与对照组相比，参加过研讨会的人情绪更快乐、表现更出色，他们获得晋升或更佳跳槽机会的可能性高出70%。格兰特写道："他们不仅能利用现有的才能，还主动开发新的技能，为自己创造了更具个性化的工作。他们变得更快乐、更高效，遇到适合的岗位时也更能胜任。"

我在前面章节里提到，取平均值是进行经济预测的有效方法。你应该记得，6位经济学家的平均预测结果要比1位顶尖经济学家的预测准确得多。然而在本章，我又说到取平均的做法不正确。那么应该如何理解这种差异呢？我的分析中有矛盾之处吗？

事实上，这两种观点不仅是相容的，而且是互补的。

经济学家用不同的模型做预测，并且独立说出自己的预测结果，然后你把这些不同结果平均一下，就可以在过滤掉错误信息的同时有效汇集不同观点。但标准化是迫使不同尺寸的人使用同一个尺寸的驾驶舱，或是无视人与人之间的区别，甚至在这种区别还没机会表现出来的时候就迫使人们用相同的方式工作。这就好比让经济学家都使用所谓的"普通经济预测模型"来工作，其结果就是差异性遭到抹杀。

换言之，将不同的预测结果平均化可以有效利用多样性，但是将人们的工作、学习或其他做事方式统一化，只会导致多样性被抹杀。就像亚马逊机器学习项目的主管尼尔·劳伦斯所说："取平均的做法如果能得到有效利用，就可以帮助吸取不同人的思想精华，但如果使用不当，就意味着把一种解决方案强加到不同人的身上。"[9]

当然，标准化常常也是有价值的。以服装业为例，标准化的选择也许不能完美匹配不同人的身材，但能够降低成本，达到批量生产的目标，而定制服装则通常比较昂贵。总之，必须在定制和通用之间做一个取舍。不过，人们选择标准化的成衣倒不完全出于成本考虑，而是因为多数人很少会考虑细节的差异。驾驶舱也是这样，做标准化设计的初衷不是降低成本、提高效益，而是没有去想过其他方案的可能性。也就是说，在丹尼尔斯上尉之前，很少有人想到为普通飞行员设计的驾驶舱也许并不适合大部分飞行员。

在过于僵化的制度下，每个人都会受苦。围绕取平均的做法而形成的思维定式，使我们在难以察觉的情况下忽略了群体的多样性。这种思维定式的影响力很深，不仅在企业运作中是如此，甚至还渗透到了科学领域。

现在回到伊兰·西格尔的案例，你应该可以理解，为什么忽略多样性带来的问题比饮食问题本身还要严重得多。

*

伊兰·西格尔在低碳水化合物进食后成功地跑完一场马拉松，这次经历让他发现了饮食科学的缺陷。标准化的饮食指南就像标准化的驾驶舱，看起来很严谨，却忽略了一个关键变量 —— 人的多样性。西格尔说：

> 一个很好的例子是所谓的血糖指数，这是一个根据食物对血糖的影响程度来对其进行排序的系统。获得血糖指数的方法是：让一组人吃不同的食物，然后测量他们的血糖反应，最后你就得到了一个从 1 到 100 的数值。[10]

听起来很科学、很严谨，因为这是一个在测量和数据基础上建立起来的评价体系。但是，它的建立依据还包括人们对食物的平均反应。如果人们对同一种食物的反应存在本质差异呢？这就意味着，对有些人而言，根据血糖指数进食并不健康。

2017 年春天，西格尔和他的研究伙伴进行了一项实验，目的就是测试这种可能性。西格尔测量了人们吃下两种不同类型面包后的反应：一种是工业化生产的白面包，经常被健康专家们妖魔化；另一种是手工制作的全麦面包，那些极度推崇健康饮食的人都喜欢它。现有的医学测试结果互相矛盾，有些研究声称白面包可以降低患癌症、心血管疾病和 2 型糖尿病的风险，但也有研究结果说白面包对人体健康的临床指标几乎没有影响。

西格尔的实验非常简单。他找来一些身体健康且没有在节食的人，将他们随机分成两组。在实验的第一周，一组人每天吃白面包，另一组人吃全麦面包，两组人都不允许吃任何其他小麦制品，他们早餐只能吃面包，其他几餐中也按照需要吃一定量的面包。随后实验暂停两周，接着改成另一种饮食方式。

关键的是，实验中的每个人都会被多次测试对于面包的反应，项目包括炎症反应、营养吸收情况等，最重要的指标是血糖反应。

血糖对健康极其重要，值得花一两分钟来解释一下。我们吃了东西，身体就开始消化碳水化合物，把它分解成单糖并释放到血液中。从那时起，在胰岛素的帮助下，葡萄糖被转移到细胞和肝脏，在那里被用来合成糖原，成为日后身体需要的能量。同时，胰岛素也向细胞发出信号，将多余的糖转化为脂肪并加以储存，这是人体增重的主要原因。

如果过多的葡萄糖从食物中流入血液，就可能导致胰岛素过度分泌，使血糖水平过低，让人体产生饥饿感，这时即便已经摄入了足够多的食物，你还是会想要吃更多东西。血糖的急剧上升增加了代谢紊乱的风险，会让人患上糖尿病、肥胖症和心血管疾病等。一项对 2000 人进行了 30 多年的跟踪研究表明，高血糖预示着高死亡率，血糖水平长期过高会给整个机体系统带来巨大压力。另外，如果血糖水平保持稳定，仅在饭后适度升高，就可以降低心脏病、癌症、其他慢性疾病（如脂肪过多）和死亡的可能性。总之，血糖反应不仅对体重有很大影响，对健康也很重要。

西格尔的面包实验表明，两种不同的面包在包括血糖反应在内的很多指标上并无区别。也就是说，工业化生产的白面包和手工制作的面包几乎有着同样的效果。这就意味着饮食建议不该有所偏颇，如果一种面包并不比另一种好，为什么不建议消费者选择味道更好或者更便宜的那种呢？

然而，这种科学推断是基于人们的平均反应。我们应该如何评估个体的反应呢？人们的反应存在多样性吗？实验结果令人惊讶：有的人能够从食用全麦面包中获益，有的人则正好相反，还有些人对两者的反应几乎没有区别。西格尔说："整个数据的集合呈现出了高度个性化的特征，你必须观察个体而不仅仅是平均值。"

为什么人与人的反应会如此不同？西格尔意识到，就像飞行员的体格有多个维度、共同决定着飞机驾驶舱是否合用一样，人体的多个维度也共同影响着对一顿餐食的反应，比如年龄、生活方式、基因，等等。

也许最吸引人的维度是微生物群，也就是在胃肠系统中寄居的细菌。我们的身体里有大约 4 万亿个细胞和上千种不同的微生物，微生物们形成了一个小型宇宙，拥有的基因数量大约是人类宿主的 200 倍，对食物的消化、营养素的提取和免疫系统的运作都有重大影响。并且，这些微生物群因人而异。

如果从这个角度来看待饮食，那么上文中说到的"多个维度"就可以理解为不同的酶、人体基因、细菌基因，也许还有几十种其他的特殊因素。由此可见，任何假设多数人甚至所有人都能套用的饮食建议是荒谬的。西格尔说："我越想越觉得荒谬，标准化的饮食建议总是存在缺陷，因为它只考虑食物本身，而不考虑吃食物的人。"

西格尔的野心不止于此。

很多实验都是以一小群人为实验对象，对他们实施一些干预措施，然后在特定时间测量出平均值。西格尔的后续实验则招募了近 1000 个受试者，其中近 50% 的人超重，25% 的人肥胖，符合发达国家非糖尿病人的人口结构。随后，这些受试者被连接到葡萄糖传感器上，整周时间里每 5 分钟测试一次，从而产生近 5 万个个体餐后血糖反应结果。[11]

受试者在一个特别设计的手机应用上记录下每一餐的情况。他们可以随心所欲地吃，但早餐必须标准化 —— 一份由普通面包、黄油面包、果糖粉饮料和葡萄糖水组成的轮换菜单。这次实验收集了丰富的数据：以总计 46898 次自主选择的餐食和 5107 次标准膳食为样本，记录下各种健康数据。对于营养学实验而言，这是一个前所未有的案例。更重要的是，西格尔和他的同事并没有计算平均值，而是测试每一个人的不同反应。

最后的测试结果令人惊讶。比如，有的人吃冰激凌后会产生健康的血糖反应，吃寿司后血糖异常，有的人却正好相反。西格尔说："针对每一项既有的医学或营养学结论，都会有一些人的测试结果与之大相径庭。人与人的身体真是千差万别。"

西格尔的妻子凯伦也被实验结果震惊了。她是一位专业的临床营养师，在诊所里接待过几十个病人，一直按照常规的指导方针提供建议，比如对于糖尿病前期患者，建议他们不要吃冰激凌，改吃大米之类的碳水化合物。凯伦说："我现在意识到，我给病人的建议可能反而会害了他们。这真是当头一棒。现在我建议病人先测量自己的血糖反应，根据结果才能制定真正适合他们自己的膳食建议。" 12

塔利亚就是一个典型的例子。她住在以色列北部，是一位 64 岁的退休儿科护士，在临床上属于肥胖体格，患上糖尿病的可能性很高。她越来越担心自己的健康问题，并对我说："我胖了很多，血糖水平很高。"但是她吃得似乎健康，早餐吃鸡蛋饼，一天中还吃大量新鲜水果和蔬菜，膳食很均衡。她在自己的后院种植农产品，特别喜欢苹果和油桃。她说："这是我能筹备的最好的餐食了。我都不知道哪一点做错了。"

她连上了一个葡萄糖传感器，开始测量对餐食的常规反应。结果让她目瞪口呆：吃油桃、甜瓜和西红柿时，她的血糖指数飙升，喝 1% 脂肪含量的牛奶也会让指数大增；但是吃西瓜、喝 3% 脂肪含量的牛奶时，血糖反应却极其稳定。"这真的太令人吃惊了，"她说，"我根本不知道发生了什么。"

塔利亚根据个性化的指导建议改变了饮食结构，最终减掉 17 公斤的体重，血糖水平降低了 20%。她说："没有谁是和别人完全一样的，人们有不同的 DNA，不同的个体特征。比如说我丈夫，他是个很瘦的男人，以前我们吃同样的东西，可他的血糖一直很正常。现在我改变饮食结构之后，血糖指数也降到了正常水平。谁能想到吃油桃会有问题呢？"

但西格尔的研究还没结束。研究人员随后将所有数据纳入一个能预测血糖反应的算法，其原理类似于亚马逊这样的在线零售商预测购物者的消费喜好。为了测试这个算法，他们又招募了100名新人，根据血液检测结果、年龄、微生物群等个体特征进行分类测量，并把数据导入算法中。这是对该项研究的重大考验：这个算法能比标准的碳水化合物计量法更准确地预测人们对不同食物的反应吗？

西格尔认为肯定可以。"想到我们可以准确预测任何一个人的对任何餐食的独特的葡萄糖反应，且无论此人是否参加实验研究，就让我们非常兴奋，"西格尔说，"这让我们确保了算法的扎实根基。"

最后，他们招募了26名处于糖尿病前期的新参与者，用算法针对每个人分别预测了能产生低血糖反应和高血糖反应的食物，并设计出两种饮食方式——"良好饮食"和"不良饮食"。

现在，相信你听到某些人的"坏"饮食却是另一些人的"好"饮食时，就不会感到惊讶了。正如预测的那样，不良饮食会引起测试者血糖水平异常增高和糖代谢受损，而良好饮食可以在提供相同热量的情况下，让血糖水平维持正常，让他们整个星期都没有出现一次大幅度上升。西格尔表示："这些结果让我们非常震惊，这证明了你完全可以控制自己的血糖水平，处于糖尿病前期的人也可以通过食物的选择在一周内将血糖水平恢复到正常状态。"

毫无疑问，这些结果对营养学有重要意义，但我在本书中举这个例子是为了进一步加深对多样性的理解。在 20 世纪 50 年代早期，人们假设飞行员的身材都符合某个一般尺寸，结果导致了一系列的事故，同样的观念性漏洞也一直存在于营养学中，并且几乎从来没有被注意到过。如果不考虑到个体的多样性，那么在设计某种系统或指导方针时，就会产生局限或缺陷，甚至引发二者兼而有之的重大问题。

对营养学界而言，制订个性化的营养方案可谓任重道远，专家们需要做更多研究，理解微生物群和其他相关事物，用长期追踪的方式来直接评测人们的健康结果，而不是通过诸如血糖等间接指标。不过，这个开端已经给了我们很多希望，也给了研究人员理解该领域中总是存在的矛盾性实验结果的机会，因为它道出一个重要事实：科学本身也会让我们忘记多样性的存在。

IV

2010 年春天，经济学家迈克尔·霍斯曼开始了一个研究项目，想要弄清楚为什么有些呼叫中心员工的表现会比其他员工好。他做了很多研究，却始终找不到答案，似乎在这件事情上没什么可用于计量的逻辑基础。他告诉我：

> 我在一家公司担任首席分析官，该公司销售的软件可以帮助雇主招聘和决定是否留用员工。我们有 5 万人的数据，每个人都接受了 45 分钟的在线工作评估，随后

被录用。我们研究了评测项目的每一方面，试图找出有关工作持久性和工作表现的线索，但是什么关联性也没找到。

最开始霍斯曼的团队预计，那些经常跳槽的人平均而言会离职较快。但事实并非如此，有些员工在过去几年有过五份工作，也有些只有一份工作，但这和他们的离职快慢并无关联。团队还认为，某些性格特征会与工作表现有关，但最后也并没有找到关联性。

后来霍斯曼的一位研究助理灵机一动，想到他们掌握着申请人在填写表格时使用的浏览器数据 —— 有些人使用苹果公司开发的 Safari 浏览器，有些人用火狐浏览器，有些人用 IE 浏览器，还有些人用谷歌浏览器。能否通过对网络浏览器的不同选择来预测一个人的工作表现？霍斯曼觉得这听上去不太可能，毕竟浏览器的选择只是个人喜好问题而已。

然而结果令人吃惊。相对于使用 Safari 浏览器或 IE 浏览器的人，在火狐浏览器或谷歌浏览器上填写评估表的人工作持久性高了 15%。他们随后研究了缺勤状况，并且再次发现了类似的差异：使用火狐浏览器或谷歌浏览器的人，比使用 IE 浏览器或 Safari 浏览器的人缺勤次数少了 19%。

如果这还不够令人惊讶的话，那么与工作绩效相关的数据更加惊人了。那些使用火狐浏览器和谷歌浏览器的人生产力、销售额都更高，与客户对话更愉快，通话时间也更短。

霍斯曼说："这是我们发现的最有说服力的调查结果。它不仅显示出了巨大的差异性，且数据表现很稳定。"可这是怎么回事呢？霍斯曼解释道：

我们花了不少工夫才弄明白。这其中的关键点是 IE 浏览器和 Safari 是预先安装的，PC 机的附带浏览器是 IE 浏览器，苹果 Mac 附带 Safari，这是默认装置。你要用浏览器的时候，只要打开电脑就行。但是谷歌浏览器和火狐浏览器不同，这些软件是要自主安装的，你必须足够好奇，才会去测试一下它们用起来是不是更趁手。然后你才会考虑要不要下载和安装它们。

员工所表现出的这种差异，和选择什么软件并没有关系，而是和选择背后的心理有关。有些人倾向于接受现实世界，并维持现状不做改变；有些人则认为世界应该是多变的，想知道有没有更好的做事方法，如果有的话就会采取相应行动。选择哪种浏览器本是一个看似无关紧要的决定，但背后却隐藏着心理学图谱上截然不同的立场，转化到他们正在做的工作中，就能反映出很多问题。

霍斯曼的研究对象，都是在零售行业或酒店行业的呼叫中心工作的专业人员。这些人通常都有文案脚本，用于回应消费者的问题。大多数时候他们可以照本宣科，这很容易，就像是一个默认设置。但每个人都会偶尔遇到一些销售文案覆盖不到的状况，这时候是坚持原来的做法不变，还是寻找一个新方式、想办法卖出一个新理念或取悦客户呢？

在呼叫中心，那些能够跳出常规的工作人员显然表现更好。当遇到困难时，他们总能想出一些创造性的解决方法。这种心理状态也能解释为什么火狐浏览器和谷歌浏览器的用户工作持久性更好，缺勤率更低。有能力跳出既定销售话术的员工更能在解决问题中发挥主观能动性，对自己的工作做出积极改变，从而让自己更开心、更高效。而那些认为现状不可改变的人，就容易被问题难倒。他们只是容忍着默认设置，直到无法继续下去。霍斯曼说："最初，我们对结果的差异之大感到震惊，但后来就意识到，如何选择网络浏览器反映出了一个非常关键的特质 —— 质疑默认状态的能力。在当下这种高速变化的时代，这一点极其重要。"[13]

霍斯曼的实验无疑可以作为智力敏捷度的佐证。这些人具有局外人的心态，能够跳出既有范式，这让他们更高效，也更有成就感。他们会主动解决问题，而不是单纯忍受麻烦。

这个案例中还隐含着另一个意义，也与本章节的内容有关。在商业领域有一个人们非常熟悉的理念 —— "最佳实践"，它的实施基于一个简单的断言：如果有一种方法被证明是优越的，那么每个人都应该使用它。例如在医疗行业，医生常常用不同的方式为病人做手术，这会使病人得不到最好的治疗，在这种情况下最佳实践往往至关重要。最佳实践不是绝对意义上的"最佳"，而是相对的，是迄今为止最好的。如果有人能够找到一种超越它的替代方式，那么最佳实践就该被修正。最佳实践应该是与时俱进的，其更新迭代应该以合理的、数据驱动的方式进行。

但现在我们应该明白，最佳实践尽管有用，却是不完整的。为什么？让我们回到伊兰·西格尔的研究来探讨这一缺陷。假设你根据人群的血糖反应来对食物进行排序，你可以严谨地执行，并确定某一种饮食方案为最优。但实际上，这未必是最理想的饮食方案，至多也就是最理想的标准化饮食方案。

现在想想呼叫中心的员工。很多公司都会测试不同的话术脚本、比较客户反馈结果、进行数据统计测试，最终得到一个关于哪种话术最优的看似科学的结论。但这就忽略了灵活性的好处。霍斯曼的实验表明，员工如果能够明智地偏离剧本，就会像刚才说过的那样做出更优异的业绩。不仅如此，这还能让他们发挥长处，真正把个性特质融入对话之中。所谓的剧本是应该因人而异的。或者换句话说，最佳实践不能通过比较标准化的解决方案建立起来，还必须比较不同的灵活性方案。根据我们对多样性的了解，无论是驾驶舱、饮食、话术脚本还是其他东西，灵活的体系往往更有优势。

如何为工作注入更强的灵活性是一个重要话题。比如，如果允许员工根据个人情况来调整工作安排，那么不仅工作的回报率会更高，企业也能获得很多新人才（比如那些不喜欢固定工作时间的人）。这对于年轻一代来说尤其如此。一项研究表明，工作与生活的平衡是年轻人选择雇主时考虑的最重要因素。

然而这只是灵活性可以带来的一个优势，还停留在企业或社会性组织运作的表层，更深层次的意义还埋藏在多样性科学之中。多样性能让员工发挥自己的优势，将自己的独特之处带到工作中去。

当然，灵活性也会带来危险。拥有做出改变的足够自由，也意味着有了更多犯错的可能，这当中总是存在一个平衡。然而，我们如果过度重视控制和防止犯错，那就会无视灵活性丧失的潜在危险。简言之，我们需要更加科学地看待多样性。

V

标准化已经融入了我们的生活。20 世纪早期的教育改革者为学校设计了标准化的课程、标准化的教科书、标准化的成绩单、标准化的假期和标准化的文凭。[14] 这种做法依据的是如下逻辑：不应该让教育配合个体学习者的需要，而应该把个体塞入标准化的培养模具中。

这种模式类似于大规模生产：学校就像工厂生产小部件那样批量出产学生，以同样的方式和速度，用同样的工具和课本，并通过同样的测试来衡量结果。就像教育学家埃尔伍德·库伯利所说："我们的学校在某种意义上就是工厂，原材料（儿童）被塑造成满足各种需求的产品。"[15]

这种方式确实比上一代那种杂乱无章的教育体系更有优势，但也存在局限性。毕竟年轻人在很多重要的方面各有差异，学校应该为各年级的学生设计出灵活的课程，这一点聪明的老师都知道。

事实上，有非常权威的证据证明灵活的课程设置能让学校和学生都受益。2015 国际学生评估项目表显示，"适应性教学"是促成高水平教育结果产生的重要因素之一，其影响力超过学科设置和学生人数。适应性教学能带来你期望的所有东西，比如适应学生个性化需要的老师。在这种教学模式下，老师不会再让每个人在同一时间按同一速度做同一件事。

芬兰的教育体系被认为是世界上最好的。玛丽亚·穆里是一位优秀教师，她在一篇文章中总结了芬兰教育的主要原则，其中有很多要素与本书的内容相吻合，比如横向技能（旨在让儿童具备灵活的思维能力）、跨学科学习（让学生明白学科之间没有围墙，应该将不同学科关联起来，从而建立新的认知和见地，这也是我们在前面章节中提到的重组式创新）。[16] 穆里还阐释了为什么教育系统本身也应该具有灵活性：

学生都是独立的个体，我们不能用同样的方式教育他们。芬兰的学校会为同一个班级的同学设置至少 5 个不同层级的作业标准，这就意味着每个学生都有自己明确的目标。这叫作差异化。

另一个关键因素是评估学生的多样性。她写道：

芬兰的新课程体系强调评估方法和评估角度的多样性，目的是更好地指导教学。每一个学生的学习进展信息必须被及时充分地告知学生本人和家长。我们设定目标，讨论学习过程，并总是基于学生的优势特长来进行评估。

穆里还非常前瞻性地提到，如果学习小组具有足够的认知多样性，学生将可以受益：

我们强调要让来自不同背景的学生在一起学习。我相信和不同的人共事，互相之间总能学到新东西。

不少人认为在有的教育系统中个性化已经走得太远，而哈佛大学的学者托德·罗斯等人则说个性化目前还不够。这是一个很好的辩题，但最终要让证据说话。目前全球教育界的普遍观点是，提供多样化教学而不是坚守刻板的固有体系，对学生的健康成长更有益处。

当然，取平均数这种简单粗暴的做法不只存在于教育领域，还广泛地渗透到了科学领域，一个典型的谬论是将男性样本的平均数套用于女性。想想驾驶舱的例子，如果这个设计对于不同身材的男性而言已经是噩梦，就更不用说对于体型相对娇小的女飞行员。卡罗琳·克里亚多·佩雷斯在其著作《看不见的女人》中提到，钢琴键是根据所谓"普通男性"的手部尺寸设计的，警察防弹衣、军事装备等物品也是如此。[17]

物品设计上的缺陷只是一个缩影，折射出的是广泛存在的、服务于男性的制度设计，这无形中让女性的处境更加艰难。佩雷斯这样分析这一现象："最需要说明的一点是，它往往不是出于恶意，甚至都不是故意为之。它产生于一种延续千年的思维定式，实质上就是根本没有人朝这个方向思考过。"

这种理念上的混乱也会发生在所谓的"硬"科学上。几年前，加州大学圣巴巴拉分校的神经学家迈克尔·米勒对 16 个人进行了一项实验：先为受试者连接上功能性磁共振成像装置，然后给他们看一张单词表，休息一会儿再继续看另一张单词表，接着给受试者们看一组单词，并让他们每看到一个在单词表上的词就按下按钮。[18]最后，研究人员对受试者的大脑扫描结果进行分析，目的是确定与语言记忆有关的神经回路。任何读过神经科学论文的人对于这种大脑地图都不会陌生，也就是大脑的哪一个部分会亮起。但这项实验的一个短板是，大脑地图是基于受试者的平均反应测得。

出于某种原因，米勒打算先不看平均反应，而是详细去看每一个体的单独反应。他在接受托德·罗斯的采访时说："这太令人吃惊了，大部分人看起来根本不像普通地图……最令人震惊的是，人与人在地图样式上存在非常大的差异，而不是略微不同。"[19]

试想，神经科学已经算是现代科学研究中十分严谨的领域，尚且存在误导性的结论。平均化的脑图实质上掩盖了个体的差异性，对此托德·罗斯评论道："米勒在人脑实验中所发现的巨大差异不仅局限在语言记忆方面，面部感知、内心表象、程序性学习、情绪情感等方面其实都存在这一问题。"

但这绝不代表神经科学有缺陷和漏洞。其实有时使用平均数是有意义的，只不过也有很多时候，科学家把使用平均数作为一种下意识的习惯，而这基本上就等于把人看作克隆人而不是鲜活的个体。

*

我最喜欢的一个关于多样性的科学实验，是由英国埃克塞特大学的心理学家克雷格·奈特完成的。他在成为学者之前曾是一名销售员，在全国各地跑。有一次他出差到一个大公司，眼前是一排排一模一样的树脂办公桌一直延伸到老远的地方，他被办公室的标准化格局震惊了。当时流行的观念是，工人应该在标准化的办公空间工作，这让奈特感到无比压抑。他告诉我：

> 这被称为"精益办公理念"，曾在 2000 年前后风靡一时。当时的想法是员工不应该在办公场所放置私人物品、照片、装饰画或植物，这类东西被认为会造成干扰。

如果有科学证明某一特定类型的办公布置是最有效的，那么管理者就认为每一个人都要采用这种方式。[20]

作为一名到处出差的销售员，奈特注意到很多地方的办公室都遵循着所谓的精益理念，经理们自豪地看着一排排标准化的办公桌，而员工们则在这种整齐划一的环境中埋头苦干。管理者认为找到了一种经过实证检验、有助于提高效率的方法。但有心理学背景的奈特感到很难认同：

我的预感是这会带来意想不到的后果。如果你把一只大猩猩或一头狮子放在这种场所中，结果会非常悲惨，它们会感到压迫、想打架，甚至过早死亡。我认为人类对于这种标准化的空间更难适应。人有自己的气质、性格、兴趣和思想，会更想为自己创造独特的空间。

几年后奈特进入学术界，获得了检验假设的机会。他和研究员亚历克斯·哈斯兰一起设计了一项精妙的实验。

他们找来两组受试者，给他们布置了上班族的典型任务 —— 检查文件、处理信息、做出判断等。[21] 第一组人被置于所谓的精益环境中，办公室内布置统一化，且空间大小仅勉强够用，这几乎就跟奈特出差时看到的状况一模一样。第二组人也被安排在标准化的工作场所，但有所差别：墙上挂上了装饰画，桌子旁摆放了一些植物，奈特称之为"点缀型环境"。

结果如何？第二组人的业绩提高了15%。其实这样的结果并不让人意外。

即使同在标准化空间里工作，办公环境更为人性化的人也会表现更好。奈特说："这证实了我多年来的猜测，大部分人都喜欢经过点缀的工作空间，他们说那些装饰画和植物会让环境更舒心。精益化的环境也许可以用在流水装配线上，但对于需要认知力或者创意的工作则不太适用。"

接着，奈特又找来第三组人，并再次改变了规则：这一组人被允许自主装点办公场所，选择自己喜欢的装饰画和植物，根据自己的口味、个性和喜好来布置空间。奈特说："他们被告知可以把办公室当成自己的家，我把这组的工作空间称为'个性化环境'。"

从外围视角来看，个性化环境里的很多布置方式看起来就和精益环境、点缀型环境并无二致，毕竟有些人本来就喜欢简约空间，而有些人喜欢华丽的装饰。但平均而言，个性化环境对受试者的有益影响超过另外两种。这就是关键所在：它是人们个性化选择的结果，而不是标准化的配置。就像有着可调节座椅和踏板的驾驶舱和伊兰·西格尔打造的定制饮食方案一样，这样的工作空间更匹配于某一特定员工的需求。

从最后的实验结果来看，在个性化环境里工作的这一组人，其生产能力获得了迅猛提升——比精益环境下的人高出近30%，比点缀型环境下的人高出15%。可以说个性化对工作效率的提升有着非常显著的效果。奈特指出："一旦有了创造自己空间的自主权，人们所创造出来的东西就会是无与伦比的。有一位参与者说：'这真是太棒了，我真的很喜欢。我什么时候可以搬进来？'"

生产力之所以得到提升，是因为人们有了自主权，有权选择而不是被指定在某种环境里工作，这让他们感到被赋予权力，因此也更有工作动力。人们可以根据自己的喜好和个性来设计自己的空间，这听起来可能是个小事，但实际上影响深远，因为它真正地考虑到了多样性的作用。

VI

伊兰·西格尔跟合作研究者们用自己的开创性研究成果创办了一家高科技公司。目前这家公司只在少数几个国家开展业务，但他们的目标是把这一做法带到全球。其实个性化检测的流程很简单，只需要提供粪便样本和血液检测结果，就能检测出你的微生物群情况和血糖水平。然后，把这些检测结果导入算法中，研究人员就能提供个性化的饮食推荐方案和一个数据库，其中包含10万份食物和饮料的葡萄糖预测值。尽管不如2015年执行的实验那么系统化——当时西格尔针对每一顿餐食都测量了微生物群状况和血糖反应，但这仍然标志着一种研究的方向。饮食学，就像人类科学的其他分支一样，正从标准化迈向个性化。

分子医学教授埃里克·托波尔是当今医学界的权威之一，他对西格尔的研究很感兴趣，于是自愿接受全面测试，追踪每一顿饭和每一杯饮料摄入所带来的血糖反应，同时对肠道微生物群进行测试。在几周时间里，他就对自己的身体在摄入不同食物后的各种反应有了深入了解，这是之前无论阅读多少标准化饮食指南都无法企及的。他不仅发现自己有一种不寻常的微生物群，还发现自己多年来一直在吃的食物会导致惊人的血糖峰值。托波尔在《纽约时报》上写道："我的肠道微生物群中有一种特殊的类杆菌——粪便拟杆菌，占比达到27%（而普通人的占比平均不到2%）。我的血糖峰值高达每分升*血液160毫克（正常空腹血糖水平为不到100毫克）……"

这些发现不仅有利于他的健康和寿命，还使他清楚地看到了很多饮食指南中的矛盾点。"看了几十年的饮食指南和政府发布的所谓食物金字塔，我们对营养学还是知之甚少。事实上，很多信息一直在相互矛盾。默认有一种适合所有人的最佳饮食方案，这是很多饮食指南的大前提，现在这一前提的核心缺陷正变得越来越清晰。"

2019年4月，西格尔公司的科学家在伦敦会见了英国国家卫生部门的高级官员。之后，为了获取更多的数据信息，该公司的研究不仅会在西格尔的实验室开展，也会拓展到其他地方。[22] 他们不仅要研究微生物群和基因组并提出饮食建议，还关注药物、睡眠和压力等其他个性化因素。托波尔写道：

> 我们真正要做的是从多项研究中提取多种类型的数据。凭借先进的算法，这显然是可行的。在未来几年，你可以有一个虚拟健康教练，他深度了解你的各种健康指标，并能够为你提供个性化的饮食建议。

---

* 编者注：1分升等于0.1升。

然而，饮食科学只是这场概念性革命的一个缩影。从标准化向个性化的转变几乎会出现在我们生活的方方面面。如果运用得当，人类将能够凭借这种力量来改善健康、提升幸福感和促进生产力。正如西格尔所说："多样性是人类的必然特征之一，是时候好好思考这个问题了。"

集体大脑

I

我们在之前的章节里聊到了很多案例，从中情局的失利到罗伯·霍尔在珠穆朗玛峰上的英雄事迹，从轮式手提箱的历史到"回声室"的危险性。我们了解到，如果想要实现创新，社交能力比聪明才智更重要；如果总是盯着平均数，会影响对于个体的理解，饮食科学的深层次缺陷即产生于此，更不要说美国空军在 20 世纪 40 年代末惊人的事故率了。

所有这些案例、实验和观念上的探索，都勾勒出同一个本质性的问题，唤醒了人们对多样性力量的理解，也彰显出忽视多样性的危险。一个组织能否成功，取决于如何利用自身的多样性来追求根本利益。如果能做到这一点，再辅以开明的领导、良好的制度以及科学的洞察力，就能得到可观的回报。

再来回顾一下在这段旅程中最大的认知障碍之一，我称它为"克隆人谬误"：以线性方式思考复杂的多维度难题。当这种谬误真切地暴露在眼前时，似乎显得难以置信，但它总是深度潜藏在社会生活的方方面面，成为阻碍人们从个体视角转向全局视角的最大障碍。

今天，我们的关注焦点仍然是每一个体。我们致力于帮助每个人变得更聪明、更敏锐、更有思辨能力，不过，尽管这样的视角也很重要，我们也不能因此而遮蔽了自己的全局观。

本书的总领概念就是全局观。我们关注集体大脑、群体智慧、心理安全、重组式创新、同质化、网络理论、精细化人群分类的危险等问题。这些概念的内容不是从局部产生的，而是来自整体视角。在这个时代里，我们所面临的最为紧迫的问题都不能单靠一个人去解决，集体智慧的时代已经到来。

在最后一章中，我们将充分打开视角，完成整个多样性科学的旅程。我们将看到，多样性不仅有助于解释个体和某个组织机构的成功，对于人类这一物种的进化也有着深远意义。我们将在个体观和全局观之间建立真正的分水岭，并再一次推翻"克隆人谬误"。

我还会在本章中提出三条具有实际指导意义的原则。这将提醒我们，多样性科学不仅能带来令人兴奋的想法和概念，还能带来操作经验，直接改变我们的生活和工作，甚至重塑社会。

Ⅱ

人类主宰着地球。如果把驯养的动物也算在内，那么世界陆地脊椎动物的

98%都与我们有关。我们创造了伟大的技术、理论和艺术，用深奥的语言进行交流。我们的"表亲"黑猩猩被限制在了热带雨林的一小块地域里，但我们从不屈从于任何限制，在任何栖息地都能蓬勃发展。正如圣安德鲁斯大学行为和进化生物学教授凯文·拉兰所说："人类的生活范围是前所未有的。我们几乎占领了地球上的每一处栖息地，从蒸腾的雨林到冰冻的苔原。"

这就产生了一个问题：为什么人类会如此成功？

合上书想一想，你很可能会得出这样一个直观的答案——人类足够聪明。我们有发达的大脑，可以解决其他动物无法解决的问题。大脑让我们不断产生新的想法，无论是理论、技术还是沟通方式。靠着大脑赋予的独特能力，我们可以让整个大自然都服从于我们自己的需要。

总而言之，伟大的大脑带来了伟大的思想，进而催生了技术、文化和制度。

但接下来，我要探讨另一种可能性：上述答案或许是错误的，甚至完全处在真理的对立面。人们是从个人主义视角出发得到这个答案的，将人类大脑放在分析理解世界的核心位置。但其实最恰当的视角是全局视角——我们一直以来追根溯源的方向可能与事实恰好相反。

也就是说，是伟大的思想造就了伟大的头脑。

这听起来可能有点奇怪，但如果把这个观点剖析清楚，我们对认知多样性的分析就能达到顶峰。我们会看到，多样性不仅是驱动人类集体智慧的动因，也是驱动我们这个物种进化的动因。从本质上来说，多样性就是人类发展的隐形引擎。

要知道原因就请先想一下，其实早期人类的大脑尺寸和尼安德特人是差不多的，甚至更小一些，这一点哈佛大学人类进化生物学教授约瑟夫·亨利克等人都曾提出过。这也意味着，或许我们的祖先还没有尼安德特人聪明。就像亨利克所说："在灵长类动物中，预测不同物种认知能力的最有效参考指标是脑的大小。因此，我们的智商可能不如大脑更大的尼安德特人，这没什么难以置信的。"

但我们的祖先有一个经常被忽略的关键优势——善于交际。我们生活在规模更大、关联度更高的社会群体里，而这一区别才成为真正的分水岭。试想，如果一个动物的附近有一群同类动物，那么它总能从这些动物身上学到些什么。即使这个群体中的每一个成员对于猎食、制造工具等技能都只有非常粗浅的认识，然而一旦这种认识的密度增大，任何一个个体——包括大脑特别发达的个体——能够从群体中学到的东西，一定超过它在一生的时间里自己琢磨出的东西。

反过来，这也意味着自然选择青睐善于学习的物种。早期人类善于观察他人所做的事情并能吸取经验，但这种技能对于尼安德特人来说并不重要，因为他们没有那么密集的群体可以让个体进行学习。所以问题的核心不在于尼安德特人的思考力不及我们的祖先，而是他们认为学习的成本太高（付出的时间和精力不如用来打猎），并且也没有足够的学习产出。

然而，一旦自然选择开始青睐好的学习者，整个进化轨迹就会发生改变。只要下一代可以从上一代身上学到东西，并加入自己的心得，那么思想就能传承并积累起来。就单一想法而言，早期人类的任何思考都不见得比尼安德特人复杂，但是积累起来的"知识库"却在不断地扩大、重组和更新。

对于尼安德特人，创新通常都会随着创造者的死亡而消亡。也就是说，就算个体获得了某个新的发现，这种发现也不会在群体中传播或者被下一代传承。另外，早期人类的个体思考会在群体内部被分享或者向后一代传递。创新发现不会轻易丢失，相反还会叠加生长，这就是在整个进化过程中所发生的信息溢出的动态机制。

就个体大脑而言，早期人类并不比尼安德特人聪明，但是就集体智慧而言一定会超越后者。正如约瑟夫·亨利克所说：

> 为了适应冰河时代欧洲自然资源零散分布的情况，并应对急剧变化的生态环境，尼安德特人通常生活在分散的小群体中。而同时，非洲移民（即我们的祖先）则生活在更大、更紧密关联的群体之中……虽然尼安德特人在个体大脑上具有优势，但在非洲人集体大脑所创造的社会互联面前，就显得微不足道。

回想一下第四章的那个思维实验，天才部落和社交部落的差异。我们知道，天才部落肯定比社交部落更聪明，但是后者却更有创新能力，这是因为，创新是个人与其生活的社交网络之间相互作用的结果。随着知识的积累，创新会反哺集体大脑，进而影响自然选择本身。

事实上，从个体大脑的简单累加到塑造出一个真正的集体大脑，这一过程的力量已经得到充分证明，被生物学家称为"重大转变"。正是信息存储和传输方式的某种改变，让整个复杂的系统迈出了重要一步。生物界有很多典型例子，比如从原核生物（单细胞生物）到真核生物（细胞膜内有核的生物）的转变，从无性繁殖到有性繁殖的转变。

人类集体大脑的生成是发生在地球上的一次重要演变。这一过程不仅带来了思想的积累，也造就了一种可以改变基因进化本身的反馈回路。因为思想库（有时被称为"累积文化"）的不断扩大，对个体大脑施加了自然选择的压力，必须要有更大的人类大脑，才足以存储迅速增长的信息并对其进行有效分类。

在过去的 500 万年里，人类的大脑从 350 厘米（相当于黑猩猩大脑的大小）一直长到 1350 厘米，其中大部分的生长发生在近 200 万年中。但在 20 万年前，由于雌性产道（灵长类动物进化的关键）的限制，这种增长才慢下来。因为如果头过大，婴儿就无法从产道出来，甚至导致母亲死亡。这就是为什么自然选择更倾向于高度的皮质折叠和相互融结，这让婴儿的头壳暂不舒展，而在出生之后迅速长大。

人类的大脑的确庞大得惊人，但我们必须看清因果关系。是思想的不断累加，才促使了大脑的生长进化。

简单想法的累积和重组能产生伟大的想法，进而催生出发达的大脑。

正如凯文·拉兰所说："一旦人口规模达到一个关键临界值，小族群中的猎民就有更多机会相互接触、交换货物和知识，那么文化信息就不太可能丢失，知识和技能也会累积。"[1]

那么，为什么黑猩猩和其他动物没有进入像人类这样的进化轨道呢？为什么只有人类获得了生物学家所说的双重遗传（既有基因遗传，也继承不断增长的思想体系）？原因是集体大脑的诞生面临着类似于"先有鸡还是先有蛋"的问题。之前我们也谈到了这一逻辑。大脑的作用是向他人学习，所以非常珍贵。从生物进化的角度来看，只有当外部存在足够数量的思想可供学习和借鉴时，像人类这样的大脑才有存在的意义。如果没有向他人学习的能力，周边环境中就不会存在足够多的思想来支撑如此珍贵的大脑。这也解释了集体大脑的出现存在深层次的制约因素，约瑟夫·亨利克称之为"源起问题"。

举几个例子：在大猩猩的群体中这种大脑就没有存在的价值，因为它们始终生活在只有一只雄性和几只雌性的单一家庭中；红毛猩猩也很孤独，不爱成群结队，这意味着幼儿在成长过程中往往只能向母亲学习；黑猩猩相对更倾向于群居生活，但对幼年黑猩猩的研究表明，它们只能将日常最主要接触到的母亲作为学习对象。

动物之所以永远无法在基本技术层面取得突破，就是因为新的创新往往随着创造者的死亡而消亡。它们只能继承基因遗传能力，而不能继承不断累加的思想。即便是逐渐向集体大脑的形成迈进的尼安德特人，也很快被走出非洲的早期人类所替代。其他物种也根本无法与人类竞争，并不是因为个体智商不及人类，而是集体大脑处于弱势。

这一观点不仅能解释人类大脑的进化，也能解释人体的演进。思想体系一旦成为生存环境的一部分，就会反过来开始推动基因进化。比如火的使用就是人类历史上最伟大的进步之一。我们无法得知是谁首先发现了火，但我们知道人类能够将这种技能传授给彼此及自己的后代。也就是说，火成为早期人类文化生态的一部分，并且代代相传。

火的使用意味着人类不需要太强大的胆功能来排毒，因为在烹调过程中，食物中的一些有害物质已经被消除了。这时候，自然选择开始倾向于胆偏小的人类，这就节省出更多能量供大脑生长所用。随着火与烹饪文化的形成，我们也不再需要那么宽大的嘴巴、坚硬的牙齿、强壮的下颌和发达的肠道。约瑟夫·亨利克说：

> 烹饪技术实际上提高了食物的能量利用率，使食物更容易消化。由此，自然选择就能通过缩小我们的肠道来节省大量的能量……由文化进步带来的消化功能退化，是一系列进化步骤的一个部分，能帮助我们这个物种运行更发达的大脑。[2]

再举个例子，人类一直是地球上最有耐力奔跑的物种之一，可以在炎热的天气下追猎羚羊之类的动物。我们之所以做得到这一点，是因为具备很多特殊的身体机能，特别是强大的出汗能力。我们每小时可以出汗1升至2升，这是一个强大的冷却机制。

但人类的胃很小，无法吸收足够的水分来维持长距离的奔跑。那么我们是如何做到在水份储备不充足的情况下长途追猎的呢？为什么我们的身体机能设置是不能吸收太多水，却会大量出汗？因为我们学会了用葫芦、皮革制的水袋和鸵鸟蛋壳来装水，所以不需要在身体里配备庞大的储存系统。这种技术成为人类生存环境中稳定的组成部分，并且代代相传。就像把消化食物的功能"外包"给烹饪一样，存储水的功能也被外化了，人类因此进入了新的进化轨迹。

但是再次提醒，请注意因果关系的方向。要不是先发明了刚才提到的存水技术，我们也进化不出适应远程奔跑的能力。就像约瑟夫·亨利克所说："我们进化出一个基于汗液排泄的体温调节系统，它十分复杂，非同一般。只有在我们开发出储水容器制造和水源定位技术之后，这一进化才有可能发生。"

思想和技术不仅改变了我们的基因，还以非基因的方式改变了我们的生物构造。你正在阅读这本书，说明你识字，你从父母和老师那里学到了阅读技巧，而他们也是向别人学来的。在获得阅读能力的同时，你也改变了自己的大脑。学习阅读会改变大脑的左枕颞腹侧区域，增厚胼胝体，改变颞上沟和前额叶下皮质。由学习带来的大脑重构是一种随着文字社会的诞生而发生的现象，与基因改进无关。正如亨利克所说：

> 阅读是一种文化进化的产物，它实际上重构了我们的大脑，使它有能力创造出……快速将图形模式转化成文字的能力，这近乎神奇。大部分人类社会还没有文字书写的体系，直到最近几百年，大多数人还不知道如何读书写字。这意味着现代社会的大部分人（那些阅读能力很强的人）……与人类历史上大多数社会的人类有着截然不同的大脑构造……最关键的一点是：文化差异属于生物意义上的差异，而不是基因差异。

这个例子说明了思想能够直接塑造我们的身体和大脑，以及社会规范和制度，这样的例子不胜枚举。

思想也塑造了我们的心理。一旦有人从社会群体中学到的东西，比他用一辈子时间单独学到的都要多，那么自然选择就会青睐善于从别人那里汲取想法的人。也就是说，学习榜样人物的能力至关重要。正如亨利克所说：

一旦（想法）开始累加……基因的自然选择就会关注如何提升我们的心理能力，从而更好地获取、存储、加工和组织一系列在群体"外脑"中越来越多地存在的提升适应性的能力和实践。这个过程可以被描述为自动催化，也就是动能燃料由自己生产。

III

这一番对人类进化史的简单考察，让我们看到了个人视角和全局视角的根本差别。人类大脑固然令人叹服，但人类的成功更在于那张错综复杂的关系网络，它能横跨整个星球、追溯到悠远的历史，推动思想、技术和文化的不断演进。在大约 200 万年的时间里，这一过程指引着人类基因的进化、大脑的扩展和生理构造的变迁，并同时不断反哺思想体系本身。

从这个意义上说，人类这个物种就建立在多样性的基础之上。人类的独特之处就在于：不同的想法、经验、发现和创新遍布社会网络，不断重塑我们的大脑，拓展我们的集体智慧，并改变了自然选择的轨迹。正是这些思想的多样性让我们变得智慧超群。除去思想积累的作用，人脑本身并没有多少值得叹服的地方。

事实上，人类学家已经创造了一些实验，试图在去除与外部信息池接触的机会之后，评估单一人脑的认知能力。实验的一个方法是将人类幼儿与同样年龄的黑猩猩或其他灵长类动物进行比较。莱比锡进化人类学研究所的研究人员在空间记忆（记住物体的位置）、因果关系和其他认知任务中，将人类2岁半的幼儿与黑猩猩和红毛猩猩进行了对比研究。所有项目的评测结果几乎一致，人类和黑猩猩的水平差不多，红毛猩猩稍有落后。

然而，实验发现人类擅长的是社交学习。实验对象会看到一个演示者使用一种复杂的方法从狭窄的管子中拿食物。人类幼儿立刻掌握了这种方法，并可以马上应用，但其他灵长类动物无法理解所看到的动作，也不知道如何操作。约瑟夫·亨利克写道：

> 在社交学习的进一步测验中，大多数2岁半的人类在测验中得到了100分，而大多猿类动物得分为0分。这些发现表明，与另外两种灵长类动物相比，人类幼儿拥有的唯一超常认知能力是社交学习能力，与空间、数量或因果关系等方面的认知无关。

人类之所以那么聪明，是因为进化到了一个可以和其他大脑连接的阶段。为什么一个9岁或10岁的人类儿童，在实验的任何一项任务里都可以击败任何年龄段的其他灵长类动物？因为人类幼儿能从成年人身上吸取知识，为他们的大脑提供了巨大的能量。

黑猩猩和红毛猩猩不会随着年龄的增长而变得更聪明。它们的大脑在3岁达到成熟，之后就永远定格在了这一水平。它们没有集体大脑、思想库及不断增长的文化池来供养大脑，即使有，它们也不具备从其他动物身上吸取外部信息的心理能力。因为在它们的进化史上，没有出现过类似的自然选择压力来迫使它们建立这种能力。进化学家迈克尔·穆图克里希纳总结道："为什么人类可以在动物中异军突起？并不是因为我们的硬件更强，不是因为巨大的大脑使我们比其他动物都更聪明。事实上，有的大猩猩在基本记忆任务上还能打败我们……真正让人类有别于其他动物的是集体大脑。"凯文·拉兰写道："人类的成功常常被归结于更高的智商，但实际上是更多的想法让我们变得更聪明。当然，智力也是相关因素，但人类能够脱颖而出的核心要素是汇集见解和知识的能力，我们能在彼此的解决方案基础上，想出更好的应对之道。"[3]

这些分析让我们对人类大脑感到沮丧，毕竟它被认为是宇宙中已知的最复杂物体，我们为自己的认知和信息处理能力深感自豪。但上面这些分析的背后逻辑其实可以用大脑本身来类比。大脑由无数的神经元和轴突组成，是一个由不同部分组成的复杂系统。然而，任何一个大脑的智力水平并非各个部件的简单相加，没有一个神经元可以独立产生洞见，脑力是各个部分相互作用的结果。正如美国科学家马文·明斯基在《心智社会》一书中所写："你可以通过各个零部件构建起心智，但每个小部件本身都是无意识的。"

个体大脑与集体大脑的关系也有点像神经元与大脑的关系。这比喻不很精确，因为个体大脑可以提出洞见，而神经元不具备这种功能，但概念上是相通的：无论用常规时间视角（以分钟、小时、年和世纪为单位）还是用进化视角（以几十万年为单位），人类发展都仰赖不同大脑之间的相互作用，而不是每个大脑本身。

至此，我们获得了一个令人惊叹的洞见，人类之所以能够称霸地球，不是因为我们单独个体有多强大，而是我们整个集体具有多样性。通过将不同的见解汇集在一起，通过代际之内和跨代的传递，通过思想的重组，我们获得了无与伦比的创新突破。人类的聪明才智源自社交能力。

多样性不仅驱动了人类集体智慧的生成，也是我们这个物种进化路径的背后原因。用约瑟夫·亨利克的话说，这是我们成功的秘诀。

IV

看清全局之后，让我们最后聚焦到应用层面，看看如何学以致用，在工作和生活中利用多样性。我将探讨三种应用场景，每一种都与我们的生活、工作和社会结构有直接关系。

无意识偏见

不少多样性缺失问题都可以归因为无意识偏见。也就是说，有很多人之所以被剥夺机会，不是由于缺少天赋或潜力，而是因为种族或性别等因素。

举一个最直观的例子。20 世纪 70 年代，美国的管弦乐队成员绝大部分都是男性，原因很简单：负责试听的人都坚持认为，管弦乐演奏属于一种精英行业，而男性是更好的音乐家。当时，有造诣的钢琴家、小提琴家等一般都是男性。

但是哈佛大学的克劳迪娅·戈尔丁和普林斯顿的塞西莉亚·罗斯想出一个主意：为什么试听不采用盲选的方式呢？让评选小组只聆听和分析音乐，看不到幕布后面的音乐家。自从有了这些幕布，女性在第一轮的通过机会增加了50%，终轮通过机会增加了300%。主要管弦乐队的女性演奏者比例从5%大幅提高到近40%。

最讽刺的是，招募人员并没有意识到此前的选拔过程中存在着对女性的歧视。直到盲选时他们才发现，一直以来影响选拔结果的不仅仅是候选人的能力，还有试听人对一名典型音乐家的刻板印象。消除偏见，不仅对女性音乐家有利，也对音乐会的主办人有利，这让他们摒弃固有印象，招募到了真正优秀的音乐家。

当然，如果候选人之间存在着明显的差异，那么这种无意识的偏见往往不会显现出来。毕竟，为什么雇主要故意选择不好的员工？这会损害到组织本身。只有当应聘者能力相似的时候，招聘人员才会产生心理学家所说的"自由裁量"，这时候无意识偏见的影响力最大。

以一项针对大学生的研究为例。学生们被安排了招聘员工的任务，如果一名候选人极为优秀，那他一定会被选中，无论是白人还是黑人，但是当简历的情况相似时，无意识偏见的作用就显现出来了。这个时候，学生们出现了一种看似微妙却影响巨大的倾向，那就是偏向白人候选人。但是，他们对此毫无意识，甚至当有人指出这种偏见存在的可能性时，他们都非常惊讶。事实上，就算是在法庭上你也很难找出歧视的证据。然而正是这种认为黑人能力比白人差的刻板印象，影响了学生们筛选简历的方式，尽管他们是无意识的。

正是这些微小偏见的累积，造成了严重的后果。

只要想获得成功，任何人都会在人生中不可避免地经历一两次选拔。比如，被选入学校辩论队、获得暑期实习的资格、找到第一份工作、获得晋升，等等。评估和选拔融入了我们生活的方方面面。

现在想想与选拔相关的数学逻辑。密歇根大学的学者斯科特·佩奇指出，假设有 10 项评估，在每项中对黑人的偏见仅为 10%，那么黑人候选者登上顶峰的概率就会大幅降低 90%。这会导致反向激励的后果。如果你要获得认可，首先必须付出努力和牺牲，想成功就需要有一种在各个方面推迟享乐的主观意愿。[4] 然而如果与此相关联的回报被严重稀释，那为什么要付出那么大的努力？因此，消除无意识的偏见不仅是创造公平机制的第一步，也是为社会创造集体智慧的第一步。要想让不同背景的人都有机会发挥才华，要想拓展人群的知识面来共同应对最紧迫的挑战，打击结构性歧视应该是首要任务。

回到管弦乐团的例子。盲选这个措施非常有效地剔除了招聘人员的主观性问题。通过对评估流程的本身进行改造，偏见得以有效消除。更深层的影响是，这让有音乐抱负的女性音乐家相信自己的才能会得到公正的评价，继而产生付出努力的更强动力。

哈佛大学学者艾里斯·博纳在其著作《究竟什么奏效》中，对现存的各种衡量方式都进行了分析，旨在增强评估的客观性。博纳提到"盲审"简历、遮蔽人口统计信息、改变招募新员工的路径、改变发布招聘广告的方式等办法，并对如何评估候选人、如何筛选名单、如何面试应聘者、如何做出最终选择等都给出了改进意见。[5]

尽管消除无意识偏见是一项有助于扩大集体智慧的关键技术，但仅靠这一点是不够的。回想一下第二章提到的布莱奇利公园的案例：假设招聘人员一门心思招募到顶尖的数学家，并且能够摒弃无意识偏见，那他们确实可以摆脱刻板印象的影响，找到自己想要的数学人才；但他们无法找到斯坦利·赛吉威克这样的填字游戏专家，或者其他具有多样化思维的人，而这些人对于破解谜团至关重要。消除无意识偏见，只能帮你摆脱种族、性别等因素的影响，找到最好的人，但它本身无助于实现多样性。消除无意识偏见和提倡多样化在概念上不是一回事情，而优秀的组织必须二者兼而有之。

影子董事会

优秀企业用以提升多样性的另一个方法是使用"影子董事会"。

影子董事会通常由一群有潜力的年轻人组成。他们来自公司的各个部门，经常为高层决策提供建议。这让高管们能够利用年轻群体的洞察力，使董事会的视角更加多样化，消除因为年龄增长而可能产生的认知盲区。毕竟，每个人都是在特定年代长大的，也吸收了特定的文化，这些会在很多方面影响思维方式，而我们却很难意识到。影子董事会的存在也促进了有益思想在公司内部的流动。

正如哲学家托马斯·库恩所言，这在科学及其他领域都同样适用。比如实践科学家总是基于一组特定的假设和内含理论进行操作，而这些假设和理论可能会限制新见解的产生。这也让伟大的物理学家马克斯·普朗克有感而发："科学的每一次进步都伴随着一场葬礼。"

任何一个被新技术所困并惊讶于为何年轻人可以迅速掌握新技术的人，都能理解影子董事会的重要性。任何为年轻人对老问题的不同看法所打动的人，也能掌握这一机制的逻辑。创建影子董事会，并将它整合到高层决策机制，可以为公司带来巨大的回报。

管理专家詹妮弗·乔丹和迈克尔·索雷尔在《哈佛商业评论》上发表的一篇文章，将普拉达和古驰这两个高端时尚品牌的发展情况进行了比较。普拉达历史上利润率很高，但在 2014 年至 2017 年期间出现了明显下滑。这是为什么呢？该公司在 2018 年的一份公开声明中承认，公司"未能及时认识到数字化渠道的重要性，以及意见领袖对行业的颠覆力量"。该公司首席执行官帕特里齐奥·贝尔泰利承认："我们犯了一个错误。"

而古驰则创建了一个由年轻人组成的影子董事会，与高管团队长期保持着沟通交流。"这些年轻人与执行委员会共同探讨问题，他们的见地让高管醍醐灌顶。"自此，古驰的销售增长了 136% —— 从 2014 财年的 34.97 亿欧元增长到 2018 财年的 82.85 亿欧元，这一增长主要归功于其互联网和数字战略的成功推进。但同期，普拉达的销售额下降了 11.5%，从 2014 财年的 35.51 亿欧元下降到了 2018 财年的 31.42 亿欧元。"[6]

乐于分享

成功的合作需要一种态度，那就是乐于向他人提供见地、分享观点和传授自己的智慧。只有通过给予，我们才有机会获得回报。乐于分享的人常常会越来越成功，这就证明了多样性的重要作用。

以一项针对 600 多名医学生的研究为例。研究发现，个人主义者 —— 那些专注于自己的进步而很少关心他人的人 —— 在第一年的表现都非常好。他们善于从周围的人身上获取信息，又因为很少将信息传递给他人而能够更专注于自己的进步发展。但给予者 —— 那些在时间上更慷慨、愿意给同学们分享建议及想法的人，则被落在了后面。

但到了第二年，给予者后来居上。到了第三年，他们已经超过了个人主义者。到最后一年，给予者的成绩显著提高。

有人甚至说，通过是否具有协作思维来预测学生在校的成绩表现，比通过吸烟行为来预测肺癌的发病更为准确。

"给予者"本身并没有发生改变，但学习项目的结构发生了变化。亚当·格兰特在他的《给予与索取》中写道：

> 随着学生在医学院进入高年级，他们的课程内容从独立的知识学习转向了临床轮岗、实习和病人护理。越往高年级读，他们的成功就越依赖于团队合作和服务意识。因此，个人主义者往往在独立学习的任务中胜出，而给予者往往会在更重视协作的非独立项目中崭露头角。结果就是，随着学习内容的改变，给予者由于能够更有效地与他人合作而从中获益。

这也是一个在社会科学领域不断被验证的现象：有给予精神的人总是发展得顺风顺水。但这不是一个非黑即白的规则，我们也经常看到一些人持着个人主义的态度，不愿分享成绩和荣誉，但也取得了瞩目的成就。世界上很少有一刀切的划分方式。但证据表明，绝大部分情况下给予者会更受益，并且，最成功的给予者往往很有策略，他们寻求有意义的多样性，同时切断被单纯利用的合作关系。这使他们从有益的团队合作中受益，同时免受所谓"搭便车"现象的不利影响。正如一位研究人员所说："给予者的态度在与社会智慧相交融时，是最有威力的。"

这种给予和合作的意愿性也会在长期带来益处，你可以从罗格斯商学院教授丹尼尔·莱文领衔的一项实验中看到这一点。莱文曾要求200多名高管重新激活"休眠"了至少3年的联系人，受试者需要向其中两位联系人咨询自己手头的一个项目，然后与项目负责人提出的建议进行比较并做出评估。

哪类人的建议更有创新性、价值更高、解决方案更有效？结果很清楚，被激活的联系人提出的建议有更高价值。这些人曾处于"休眠"状态，所以与受试者不在同一个圈子里工作，不会听到同样的事，也没有同样的经历，因而能带来具有多样性的见地，这种见地才是价值连城的。

给予者总是能够构建更加多元化的社会网络。他们拥有更广泛的人际关系，可以接触到更多元化的思想，曾经的慷慨付出使他们在关键时刻总能有更大的社交余地去寻求建议。正如参加实验的一位高管所说："在和他们联系之前，我以为他们的建议不太会超出我所知道的范围，但事实证明我错了。我对这些新鲜的想法感到非常惊讶。"

在这个复杂的世界里，愿意分享知识和创意，会给你带来巨大的回报。这种意愿就是有效合作的基石，它的效果不仅体现在当下，也会在未来显现。并且，这种意愿所带来的好处具有复合增长的效应。亚当·格兰特写道："传统观念认为，能取得很大成功的人一般有三个共同点 —— 有动机，有能力，有机会……但其实还有第四个要素，成功在很大程度上取决于我们如何处理与他人的互动关系。是尽可能多地获取价值，还是愿意贡献价值？事实证明，这种选择对成功至为关键。"

V

今天，我们站到了革命的边缘。以往多样性常被视为一种政治正确但无关紧要的议题，属于道德和社会公正的范畴，与商业领域的业绩表现和创新突破无关。人们用含糊的措辞来讨论它，说的内容大多无关痛痒。所以，我们对多样性的理解时有偏差，甚至常常存在根本性的误读。

只有真正开始理解多样性科学的真谛时，我们的视角才会发生转变。我们认识到，智慧不仅产生于个人智力，还出自集体多样性。我们看到，创新不仅是特定几个人的成果，还源自催生重组式创新的社会网络。我们看到，人类的成功与其说是个人大脑的胜利，不如说是集体大脑诞生所带来的硕果。

对多样性的清醒认知有很多实际意义。回想一下关于同类人的探讨，物以类聚的倾向就像一股无形的引力，把团队拉向了同质化。我们会无意识地偏向那些与自己的思维方式类似、持有一致观点、心存相同偏见的人。在这种情况下，个体会觉得自己很聪明，但整个群体只会变得愚昧。

但是，还有比理解多样性科学更有力的方法来应对同质化吗？毕竟，如果我们知道让所谓的志同道合之人围在身边会有损整个团队，那为什么还要这么做？如果我们知道周围人总是在随声附和，以至于我们学不到任何新的东西，那为什么还会乐衷于此？如果我们知道推崇服从文化会导致多样性思想被压制，那为什么还要提倡它？

只要能以新的方式思考多样性，那么对于"协作"这个问题的理解就会发生转变。我们将懂得，诚恳的异议是一种必需品，并不会带来破坏；不同意见不会对社会凝聚力构成威胁，反而能提升社会的活力；向外部人士寻求新的想法并非不忠的行为，而是一种最为开明的团结方式。如果没有重组式创新，哪一个组织可以跟得上瞬息万变的世界？

换言之，只有真正掌握了多样性的含义，你才能建立起多元文化。全球顶级对冲基金公司之一的桥水基金在招募新员工时就非常重视全局观的培训，在他们要求新员工阅读的一整套公司原则中，就阐明了多样性的道理。这份文件告诉你，为什么当有人鹦鹉学舌般支持你的观点时，并不代表他们忠诚；为什么应该鼓励他们提出真诚的异议，挑战你的观点。桥水基金的员工严格按照制度工作时不会得到赞扬，公司鼓励他们探求新的想法。正如桥水基金创始人瑞·达利欧所说：

优秀的企业文化会将问题和分歧摆在桌面上并很好地解决，会想象和创造过去不曾有过的东西。这样做能够维持企业文化自身的演进。我们公司通过一种精英式理念来实现这一目标，以彻底的真实和透明性实现真正有意义的工作和合作关系。

这样的做法同样适用于社会。鼓励新思想，建立让多元思想自由流动的强大网络，这样的社会比在认知层面"大一统"的社会能更快、更好地实现创新。正如约瑟夫·亨利克所说：

> 一旦理解了集体大脑的重要性，我们就会明白为什么现代社会中不同组织的创新能力会如此大相径庭。因为它不是关乎个体的聪明与否，而是关乎处于知识前沿的大量人群的意愿和能力，也就是取决于人们能否自由互动、交换观点、提出异议、相互学习、建立合作关系、信任陌生人和勇于犯错。创新不是出自某个天才或一小群人，而是需要一个巨大的自由互动的思想网络。

这些想法可以追溯到至少古希腊时代的思想家和哲学家，今天也得到了现代理论和大量数据的支持。从这个意义上说，多样性对社会动态机制的发展所起到的作用，已经从直觉层面走向了科学。多样性可以帮助我们解决最迫在眉睫的问题——从气候变化到消除贫困，并帮助我们摆脱造成信息断层的回声室问题。19世纪英国哲学家约翰·斯图亚特·密尔是多样性的最有力倡导者之一，他认为：

> 目前人类的进步速度已经变慢，在这样的情况下，与不同于自身的其他人增进交流，更多地接触自己不熟悉的思维和行为模式，已经变得尤为重要……这种交流在过去、现在都一直是人类进步的主要动力之一。

VI

　　让我们回到本书开篇的那个故事。在"9·11事件"发生后的几年里，中情局意识到人员同质化的危害，开始打破既往的用人标准，比如雇用了亚亚·法努西，一个在西海岸长大的非裔美国人。他毕业于加州大学伯克利分校经济学专业，获得过富布赖特奖学金，后来在哥伦比亚大学拿到研究生学位。我在一个早春的上午采访了法努西，希望了解他在中情局的经历。他告诉我：

　　2005年我加入中情局时，最初是分配在经济分析部门。鉴于我的经济学背景，这个安排是合理的。但是我觉得自己有不同的文化背景，也许可以为反恐工作提供一些独特的视角。7月7日伦敦发生爆炸事件后，我就申请调任相关部门。

　　法努西很快做出了成绩。在听完白宫的情况通报会后，他对一个叫安瓦尔·奥拉基的人产生了怀疑。法努西说："他特别会讲故事，用他那美式英语和古典阿拉伯语交织在一起的口音，讲上好几个小时。他与2006年的一起绑架阴谋有牵连，那时候我也正好被调到反恐部门。很明显，他很想接触到可以受其影响的年轻人。"

　　法努西对奥拉基曾公开发表过的内容进行了广泛的调查，并发现了明显的危险信号。他指出：

奥拉基提出的那些观点并不是一般人所认为的普通思考，而是真正的战略性指示。我可以看到他用一些巧妙的方法把自己的观点注入到很多年轻人心里。出狱之后，他开始写博客，开始全面招募人员。

法努西一直在认真分析奥拉基的言行，让人认识到这个人对社会构成的威胁。他曾说："这个人通过博客和媒体采访来传播思想……你必须知道应该从中找出什么。关键是要看看发生了什么，看看他的目标和方向在哪里，这样才能有的放矢。"他的努力起到了作用。2010 年 4 月，奥拉基被列入黑名单。2011 年 9 月 30 日，他的藏身之处也被清除。

我询问了法努西中情局的人员多样性情况。他说：

情报界经常说，申请加入中情局的少数族裔求职者太少了，而当求职者有明显的外籍家庭背景时，招募人员又会考虑到潜在的危险，比如间谍因素。

招募人员倾向于选择与自己背景相似的求职者，比如有共同的经历、文化和观点。招募我的就是一名黑人女性。

那么雇用多样化背景的求职者，会不会让中情局工作人员的总体素质降低呢？法努西回答了我的问题：

你不应该仅仅基于候选人的文化或种族背景来招募人员，那是一个危险的错误。只有扩大候选网络，才能扩大人才库，你才有机会聘入不同类型的优秀人才。这还会带来连锁效应。随着更多有少数族裔背景的高阶层人士的加入，会有更多新人来申请，这会进一步扩大人才库。

自"9·11事件"以来，中情局已经朝着多样化迈进了一大步，但这个问题仍然困扰着他们。2015年的一份报告严正指出了高层职位缺乏多样性的问题。正如时任局长的约翰·布伦南所说："研究小组认真分析了机构的情况并得出明确结论：中情局必须付出更多努力，打造一个更加多元的领导环境。"

（全书完）

致　谢

我的父亲在巴基斯坦出生和长大，母亲来自北威尔士，作为这样一个家庭的孩子，多元化一直是我生活的一部分。我逐渐意识到，多元化不仅关乎种族和文化背景，还对于从商业到政治、从历史到进化生物学的方方面面都有影响。于是，我萌生了写这本书的想法。

我要特别感谢花时间阅读这本书初稿并提出宝贵建议的人们。他们的背景也各不相同，包括阿迪尔·伊斯帕哈尼、利昂娜·鲍威尔、尼尔·劳伦斯、大卫·帕皮尼奥、迈克尔·穆图克里希纳、凯西·韦克斯、安迪·基德、普里扬卡·雷伊·贾斯瓦尔和迪莉斯·赛义德。

我还要感谢我优秀的编辑尼克·戴维斯和经纪人乔尼·盖勒。此外，《泰晤士报》的同事们也给予了我极大的支持。另外还要感谢与我合作了15年以上的编辑蒂姆·哈利西。

这本书也受到了很多学者的启发，所以我还想特别感谢两位学者 —— 哈佛大学人类生物进化学教授约瑟夫·亨利克，他的研究在很多方面影响了本书；密歇根大学复杂系统、政治学和经济学教授斯科特·佩奇。感谢你们花时间阅读草稿并和我探讨诸多核心问题。

撰写本书最美妙的事情之一，是能够读到各种书籍、论文和案例研究。我试着在参考文献中做了援引记录，以供希望更深入研究的人参考。以下这些书对我的影响最深：约瑟夫·亨利克的《我们成功的秘密》、斯科特·E.佩奇的《多样性红利》、米洛·琼斯和菲利普·西尔伯扎恩的《构建卡桑德拉》、托德·罗斯的《平均的终结：如何在崇尚标准化的世界中胜出》、乔恩·克拉考尔的《进入空气稀薄地带》、迈克尔·史密斯的《X站的秘密》、安娜丽·萨克森的《区域优势》、凯瑟琳·霍尔·贾米森和约瑟夫·N.卡佩拉的《回声室》、亚当·加林斯基和莫里斯·施韦策的《朋友和敌人》、卡罗琳·克里亚多·佩雷斯的《看不见的女人》、安东尼·金和艾弗·克鲁的《我们政府犯的错》、卡斯·R.桑斯坦的《透视9·11》、乔纳森·海特的《正义之心》、艾里斯·博纳的《究竟什么奏效》、亚当·格兰特的《给予与索取》、瑞·达利欧的《原则》、弗朗西斯·福山的《政治秩序的起源》、马特·雷德利的《理性乐观派》、卡斯·桑斯坦和里德·黑斯蒂的《越来越明智》、埃里克·布林约夫森和安德鲁·麦卡菲的《第二次机械革命》、乔纳·莱勒的《想象》、利·汤普森的《创意谋略》、凯文·N.拉兰的《达尔文未完成的交响曲》、菲利普·泰特洛克和丹·加德纳的《超级预测》、杰弗里·韦斯特的《规模》、萨蒂亚·纳德拉的《刷新：重新发现商业与未来》、理查德·尼斯贝特的《思维的版图》、丹尼尔·丹尼特的《从细菌到巴赫，再回来》、卡尔·波普的《科学发现的逻辑》。

我还要感谢很多为了本书接受采访，或是在其他方面给予帮助的人们，包括米洛·琼斯、杰弗里·韦斯特、卡罗尔·德韦克、乔纳森·舒尔茨、杜曼·巴赫拉米·拉德、安妮塔·伍利、罗素·莱恩、萨蒂亚·纳德拉、马修·史蒂文森、迈克尔·史密斯、利·汤普森、亚亚·法努西、奥尔·彼得斯、亚历克斯·阿达莫、克雷格·奈特、伊兰·西格尔和杰里米·莫福德，以及老银行酒店热情的员工们。斯图尔特·根特启发了我在第二章使用示意图。第五章主要受到了杰出哲学家阮氏、心理学家安吉拉·巴恩斯的启发，并参考了伊莱·萨斯洛的《满怀仇恨》一书。

最后，最重要的是，我要感谢我的妻子凯西，我的孩子埃维和泰迪，以及我的父母阿巴斯和迪莉。你们是最棒的！

参考文献

集体盲点

［1］ 关于穆萨维在飞行学校的确切入学日期，消息来源略有不同。本书使用了监察长办公室的参考资料：https://oig.justice.gov/special/s0606/chapter4.html.

［2］ 更多背景信息，请查阅：http://edition.cnn.com/2006/US/03/02/ moussaoui.school/index.html.

［3］ *The 9/11 Commission Report: Final Report of the National Commission on Terrorist Attacks Upon the United States* (W. W. Norton, 2004).

［4］ https://www.researchgate.net/publication/223213727_I_Knew_It_Would_Happen_Remembered_Probabilities_of_Once-Future_Things.

［5］ Malcolm Gladwell, 'Connecting the Dots: The Paradoxes of Intelligence Reform', *New Yorker*, 10 March 2003.

［6］ Amy B. Zegart, *Spying Blind: The CIA, the FBI, and the Origins of 9/11* (Princeton University Press, 2009).

［7］ 作者对匿名人士的采访。

［8］ Milo Jones and Philippe Silberzahn, *Constructing Cassandra: Reframing Intelligence Failure at the CIA, 1947-2001* (Stanford Security Studies, 2013).

［9］ https://www.tandfonline.com/doi/pdf/10.1080/08850600150501317?needAccess=true.

［10］作者采访。

[11] Robert Gates, From the Shadows: The Ultimate Insider's Story of Five Presidents and How They Won the Cold War (Simon & Schuster, 2008).

[12] Milo Jones and Philippe Silberzahn, *Constructing Cassandra*.

[13] Milo Jones and Philippe Silberzahn, *Constructing Cassandra*.

[14] https://www.youtube.com/watch?v=SbgNSk95Vkk.

[15] http://reasoninglab.psych.ucla.edu/KH%20pdfs/Gick Holyoak%281980%29Analogical%20Problem%20Solving.pdf'.

[16] http://reasoninglab.psych.ucla.edu/KH%20pdfs/Gick Holyoak%281980%29Analogical%20Problem%20Solving.pdf'.

[17] Reni Eddo-Lodge, *Why I'm No Longer Talking to White People About Race* (Bloomsbury, 2017).

[18] Sparber 'Racial Diversity and Aggregate Productivity'; Florida and Gates 'Technology and Tolerance: The Importance of Diversity to High-Tech Growth', *Research in Urban Policy*, 9:199–219, December 2003.

[19] 对法国企业而言, 投资回报率的差异并不显著。

[20] Philip Shenon, *The Commission: The Uncensored History of the 9/11 Investigation* (Twelve, 2008).

[21] *The 9/11 Commission Report*.

[22] 作者采访。

[23] 皮勒指的是核攻击、细菌攻击和化学攻击, 但正如琼斯和西尔伯扎恩所指出的, 皮勒没有意识到 "大规模" 恐怖主义可以通过常规方法实现的可能性。参见 : *Constructing Cassandra* 以及 Paul Pillar, *Terrorism and U.S. Foreign Policy* (Brookings Institution Press, 2003).

[24] "9 · 11 事件" 恐怖分子的行动时间表大部分参见 : Der Spiegel, *Inside 9-11: What Really Happened* (St Martin's Press, 2002) 和 Lawrence Wright, *The Loo-ming Tower: Al Qaeda's Road to 9/11* (Penguin, 2007).

[25] *The 9/11 Commission Report*.

[26] 人们过分强调共识, 而对相左的意见重视不够。学者艾米·泽加特在她的书《盲

探》中指出了该机构的结构性弱点。其他学者也提出了各种担忧，并得到了中情局的承认。

克隆人谬误

[1] http://aris.ss.uci.edu/~lin/52.pdf.

[2] Anthony King and Ivor Crewe, *The Blunders of Our Governments* (Oneworld, 2013).

[3] Anthony King and Ivor Crewe, *The Blunders of Our Governments.*

[4] https://www.linkedin.com/pulse/forget-culture-fit-your-team- needs-add-shane-snow.

[5]   James Surowiecki, *The Wisdom of the Crowds: Why the Many Are Smarter Than the Few* (Abacus, 2005).

[6] https://www.researchgate.net/publication/232513627_The_ Differential_Contributions_ of_Majority_and_Minority_Influence.

[7] Scott E. Page, *The Diversity Bonus: How Great Teams Pay off in the Knowledge Economy* (Princeton University Press, 2017).

[8] Scott E. Page, *The Difference: How the Power of Diversity Creates Better Groups, Firms, Schools, and Societies* (Princeton University Press, 2007).

[9] https://www.sciencenews.org/blog/scicurious/women-sports-are-often-underrepresent-ed-science.

[10] Michael Smith, *The Secrets of Station X: How the Bletchley Park Codebreakers Helped Win the War* (Biteback, 2011).

[11] Michael Smith, *The Secrets of Station X.*

[12] Robin Denniston, *Thirty Secret Years, A. G. Denniston's Work in Signals Intelligence 1914-1944* (Polperro Heritage Press, 2007).

[13] Michael Smith, *The Secrets of Station X.*

[14] Sinclair McKay, *The Secret Life of Bletchley Park: The History of the Wartime Code-*

breaking Centre by the Men and Women Who Were There (Aurum Press, 2010).

［15］ Michael Smith, *The Secrets of Station X.*

［16］ Michael Smith, *The Secrets of Station X.*

［17］ https://www.telegraph.co.uk/history/world-war-two/11151478/Could-you-have-been-a-codebreaker-at-Bletchley-Park.html.

［18］ https://www.telegraph.co.uk/history/world-war-two/11151478/Could-you-have-been-a-codebreaker-at-Bletchley-Park.html.

［19］ Michael Smith, *The Secrets of Station X.*

反对有效

［1］ Jon Krakauer, *Into Thin Air: A Personal Account of the Mt. Everest Disaster* (Macmillan, 1997).

［2］ https://www.sheknows.com/entertainment/articles/1109945/interview-jan-arnold-rob-halls-wife-everest/.

［3］ Jon Krakauer, *Into Thin Air.*

［4］ Edmund Hillary, *The View from the Summit* (Transworld, 1999).

［5］ 此数据适用于 1996 年的珠峰探险队。

［6］ Jon Krakauer, *Into Thin Air.*

［7］ Jon Krakauer, *Into Thin Air.*

［8］ https://www.thetimes.co.uk/article/everest-film-assassinates-my-character-says-climb-er-87frkp3j87z.

［9］ https://www.researchgate.net/publication/297918722_Dominance_and_Prestige_Dual_Strategies_for_Navigating_Social_Hierarchies.

［10］ Malcolm Gladwell,*Outliers: The Story of Success* (Allen Lane, 2008) .

［11］ https://www.ncbi.nlm.nih.gov/pubmed/24507747.

[12] https://www.bbc.co.uk/news/health-33544778.

[13] https://www.bbc.co.uk/news/health-33544778.

[14] https://repub.eur.nl/pub/94633/.

[15] https://www.bbc.co.uk/news/business-39633499.

[16] https://www.kaushik.net/avinash/seven-steps-to-creating-a-data-driven-decision-mak-ing-culture/.

[17] Jon Krakauer, *Into Thin Air*.

[18] *Storm Over Everest*, a film by David Breashears.

[19] Jon Krakauer, *Into Thin Air*.

[20] Jon Krakauer, *Into Thin Air*.

[21] *Storm Over Everest*, a film by David Breashears.

[22] *Storm Over Everest*, a film by David Breashears.

[23] *Storm Over Everest*, a film by David Breashears.

[24] 作者访谈。

[25] 作者访谈。同时可参见：Leigh Thompson, *Creative Conspiracy: The New Rules of Breakthrough Collaboration* (Harvard Business Review Press, 2013).

利·汤普森的研究结果与卡内基梅隆大学心理学家安妮塔·伍利的研究相吻合。伍利领衔了一项实验，共有 78 个小组被分配了不同的任务。研究人员最初认为，总智商最高的团队一定表现最好。事实上，还有两个因素比智商更重要。第一，每位成员发言时长相似的团队比那些由一两种声音主导的团队表现得更好，研究人员称之为"沟通带来的转机"。第二，当团队成员能够读懂彼此情绪和表达的意思时，团队的表现更好，研究人员称之为"社会感知能力"，这类团队一般女性成员较多，平均而言女性的社交智商更高。

论证的结果令人信服。当一种声音占主导时，其他成员的声音就会被弱化。社交感知能力确保观点不仅能被表达，而且被有效理解，从而帮助信息的流动。情商的作用有时候不仅是听到别人在说什么，更重要的是领会对方的意思。正如伍利所说："聪明的团队并非一定要由聪明的人组成。实际上，真正推动集体智慧产生的反而是团队成员间的互动。如果他们可以有效互动，那么就能达到 1+1>2 的效果。"

[26] Cass Sunstein and Reid Hastie, *Wiser: Getting Beyond Groupthink to Make Groups Smarter* (Harvard Business Review Press, 2014).

[27] Adam Galinsky and Maurice Schweitzer, *Friend and Foe: When to Cooperate, When to Compete, and How to Succeed at Both* (Crown, 2015).

[28] https://journals.aom.org/doi/10.5465/ambpp.2017.313.

[29] Adam Galinsky and Maurice Schweitzer, *Friend and Foe.*

[30] Joseph Henrich, *The Secret of Our Success* (Princeton University Press, 2015).

[31] https:// www.ncbi.nlm.nih.gov/pubmed/11384884.

[32] 作者访谈。

[33] https://static1.squarespace.com/static/56cf3dd4b6aa60904403973f/t/57be0776f7e0ab-26d736060e/1472071543508/dominance-and-prestige-dual-strategies-for-navigating-social-hierarchies.pdf.

[34] 作者访谈。

[35] https://creighton.pure.elsevier.com/en/publications/psychological-safety-a-meta-analytic-review-and-extension.

[36] https://rework.withgoogle.com/blog/five-keys-to-a-successful- google-team/.

[37] 作者访谈。

[38] 作者访谈。

[39] https://www.linkedin.com/pulse/beauty-amazons-6-pager-brad-porter.

[40] 作者访谈。

[41] Adam Grant, *Originals: How Non-Conformists Change the World* (W. H. Allen, 2017).

[42] https://www.pnas.org/content/112/5/1338.

[43] Adam Galinsky and Maurice Schweitzer, *Friend and Foe.*

[44] Adam Galinsky and Maurice Schweitzer, *Friend and Foe.*

[45] https://www.researchgate.net/publication/51169484_Differences_Between_Tight_and_Loose_Cultures_A_33-Nation_Study.

[46] https://www.independent.co.uk/news/obituaries/obituary-rob-hall-1348607.html.

[47] 霍尔说出临终遗言时，哈里斯和汉森很可能已经去世了。

突破！突破！突破！

[1] Ian Morris, *Why the West Rules – For Now: The Patterns of History and What They Reveal About the Future* (Profile, 2011).

[2] Erik Brynjolfsson and Andrew McAfee, *The Second Machine Age: Work, Progress, and Prosperity in a Time of Brilliant Technologies* (W.W. Norton, 2014).

[3] Brynjolfsson and McAfee, *The Second Machine Age*.

[4] Andrew McAfee and Erik Brynjolfsson, *Machine, Platform, Crowd: Harnessing Our Digital Future* (W. W. Norton, 2014).

[5] Shaw Livermore, 'The Success of Industrial Mergers', *Quarterly Journal of Economics*, Vol. 50, Issue 1, November 1935, pp.68–96.

[6] https://www.researchgate.net/publication/24092915_The_Decline_ of_Dominant_Firms_1905–1929.

[7] https://abcnews.go.com/Travel/suitcase-wheels-turns-40-radical-idea-now-travel/story?id=11779469.

[8] McAfee and Brynjolfsson, *Machine, Platform, Crowd*.

[9] Matt Ridley, *The Rational Optimist: How Prosperity Evolves* (4th Estate, 2010).

[10] https://insight.kellogg.northwestern.edu/article/a_virtuous_mix_ allows_innovation_to_thrive.

[11] https://insight.kellogg.northwestern.edu/article/a_virtuous_mix_ allows_innovation_to_thrive.

[12] https://royalsocietypublishing.org/doi/full/10.1098/rsif.2015.0272.

[13] Scott E. Page, *The Diversity Bonus*.

[14] Brynjolfsson and McAfee, *The Second Machine Age*.

[15] Brynjolfsson and McAfee, *The Second Machine Age.*

[16] http://startupsusa.org/fortune500/.

[17] https://pubs.aeaweb.org/doi/pdfplus/10.1257/jep.30.4.83.

[18] https://www.kauffman.org/what-we-do/resources/entrepreneurship-policy-digest/
the-economic-case-for-welcoming- immigrant-entrepreneurs.

[19] https://www.hbs.edu/faculty/Publication%20Files/17-011_da2c1cf4-a999-4159-ab95-
457c783e3fff.pdf.

[20] https://www.kauffman.org/~/media/kauffman_org/resources/2015/entrepreneur-
ship%20policy%20digest/september%202015/the_economic_case_for_welcoming_
immigrant_entrepreneurs_updated_september_2015.pdf.

[21] McAfee and Brynjolfsson, *Machine, Platform, Crowd.*

[22] Erik Dane 'Reconsidering the Trade-off Between Expertise and Flexibility', *Academy of
Management Review*, Vol.35, No. 4, pp. 579–603.

[23] https://www.sciencedirect.com/science/article/pii/S0883902616300052.

[24] https://www.apa.org/pubs/journals/releases/psp9651047.pdf.

[25] https://www.squawkpoint.com/wp-content/uploads/2017/01/Identifica-
tion-of-scientists-making-long%E%80%90term-high%E%80%90impact-contribu-
tions-with-notes-on-their-methods-of-working.pdf.

[26] https://www.psychologytoday.com/files/attachments/1035/arts- foster-scientific-success.
pdf.

[27] https://www.forbes.com/sites/catherinewines/2018/09/07/why-immigrants-are-natu-
ral-entrepreneurs/.

[28] https://blog.aboutamazon.co.uk/company-news/2018-letter-to-shareholders.

[29] https://www.weforum.org/agenda/2016/11/introducing-a-new- competition-to-crowd-
source-a-more-inclusive-economy/.

[30] Matt Ridley, *The Rational Optimist.*

[31] Steven Johnson, *Where Good Ideas Come From: The Seven Patterns of Innovation* (Allen
Lane, 2010).

[32] Randall Collins, *The Sociology of Philosophies: A Global Theory of Intellectual Change* (Belknap Press,1998).

[33] https://royalsocietypublishing.org/doi/full/10.1098/rstb.2015.0192.

[34] Steven Johnson, *Where Good Ideas Come From.*

[35] https://royalsocietypublishing.org/doi/full/10.1098 /rspb.2010.0452.

[36] Joseph Henrich, *The Secret of Our Success.*

[37] Joseph Henrich, *The Secret of Our Success.*

[38] 约瑟夫·亨利克和迈克尔·穆图克里希纳认为，个体智商之间的差异是伴随集体大脑出现的一种特质。

[39] Joseph Henrich, *The Secret of Our Success.*

[40] AnnaLee Saxenian, *Regional Advantage: Culture and Competition in Silicon Valley and Route 128* (Harvard University Press, 1994).

[41] AnnaLee Saxenian, *Regional Advantage.*

[42] Glenn Rifkin and George Harrar, *The Ultimate Entrepreneur: The Story of Ken Olsen and Digital Equipment Corporation* (Contemporary Books, 1988).

[43] AnnaLee Saxenian, *Regional Advantage.*

[44] AnnaLee Saxenian, *Regional Advantage.*

[45] Tom Wolfe, 'The Tinkerings of Robert Noyce: How the Sun Rose on the Silicon Valley', *Esquire*, December 1983.

[46] Walter Isaacson, *Innovators: How a Group of Inventors, Hackers, Geniuses and Geeks Created the Digital Revolution* (Simon & Schuster, 2014).

[47] https://www.cnet.com/news/steve-wozniak-on-homebrew- computer-club/.

[48] AnnaLee Saxenian, *Regional Advantage.*

[49] https://www.vox.com/2014/12/9/11633606/techs-lost-chapter-an-oral-history-of-bostons-rise-and-fall-part-one.

[50] AnnaLee Saxenian, *Regional Advantage.*

[51] http://djcoregon.com/news/2012/06/19/building-20-what-made-it-so-special-and-why-it-will-probably-never-exist-again/.

［52］另外一类研究是由社交网络理论家自己进行的。其中，麻省理工学院桑迪·彭特兰的一项著名研究分析了金融交易员平台 eToro。在该平台上，用户可以互相查阅交易情况、投资组合情况和过去的业绩表现，并且可以使用别人的交易想法。彭特兰和他的同事收集了 160 万个用户的数据，追踪了这些用户彼此间的交流情况。他们发现，社交孤立的人的交易业绩较差，因为这些人"社交学习的机会很贫乏，与外人的联系太少了"。但是研究人员也发现，那些与外人联系特别频繁的人成绩也不理想。这是为什么？因为他们陷入了一个反馈闭环的交流网络，也就是说他们一遍又一遍地听到同样的想法。他们被困在了网络回声室里。

只有不断接触新思想，而不是仅仅回收陈旧想法的交易员表现最好。事实上，通过巧妙地重塑社交网络的结构，并用一些小的激励措施来鼓动人们走出回声室，彭特兰就可以让整个社交圈子里的人提高财务回报率。他说："我们降低了交流想法的频率，补足了真正需要的多样性，这让整个社交网络回归到最佳状态并提高了平均业绩回报。"

［53］这些关于足球界组合创新的观点，我在《泰晤士报》的一篇专栏中也有提及：https://www.thetimes.co.uk/article/why-english-footballs-reluctance-to-embrace-idea-sex-is-stopping-the-game-from-evolving-gs75vb30v.

［54］Owen Slot, *The Talent Lab: How to Turn Potential Into World-Beating Success* (Ebury, 2017).

［55］Owen Slot, *The Talent Lab*.

［56］https://www.open.edu/openlearn/history-the-arts/history/history-science-technology-and-medicine/science-the-scottish-enlightenment/content-section-3.1.

［57］https://www.open.edu/openlearn/ocw/mod/oucontent/view. php?id=1944&print-able=1.

回声室效应

［1］ https://usatoday30.usatoday.com/life/2001-07-16-kid-hate-sites.htm.

［2］ 参见：Eli Saslow, *Rising Out of Hatred: The Awakening of a Former White Nationalist* (Doubleday, 2018)。同样可见：https://iop.harvard.edu/forum/im-not-racist-examining-white-nationalist-efforts- normalize-hate https://www.youtube.com/watch?v=LMEG9j gNj5M。

［3］ 由学者安吉拉·巴恩斯通过个人信件提供的数据。

［4］ https://www.ncbi.nlm.nih.gov/pubmed/26828831.

［5］ 巴恩斯提供的 2009 年测量数据。

［6］ 作者访谈。

［7］ http://www.columbia.edu/~pi17/mixer.pdf.

［8］ Eli Pariser, *The Filter Bubble: What the Internet is Hiding from You* (Viking, 2011).

［9］ https://qz.com/302616/see-how-red-tweeters-and-blue-tweeters-ignore-each-other-on-ferguson/.

［10］ https://www.tandfonline.com/doi/pdf/10.1080/1369118X.2018.1428656.

［11］ Kathleen Hall Jamieson and Joseph N. Cappella, *Echo Chamber: Rush Limbaugh and the Conservative Media Establishment* (Oxford University Press Inc.,2010).

［12］ https://aeon.co/essays/why-its-as-hard-to-escape-an-echo- chamber-as-it-is-to-flee-a-cult.

［13］ https://aeon.co/essays/why-its-as-hard-to-escape-an-echo- chamber-as-it-is-to-flee-a-cult.

［14］ https://aeon.co/essays/why-its-as-hard-to-escape-an-echo- chamber-as-it-is-to-flee-a-cult.

［15］ https://aeon.co/essays/why-its-as-hard-to-escape-an-echo- chamber-as-it-is-to-flee-a-cult.

［16］ Eli Saslow, *Rising Out of Hatred.*

［17］ 欲了解更多信息，参阅：Eli Saslow, *Rising Out of Hatred.*

［18］ https://www.splcenter.org/sites/default/files/derek-black-letter-to- mark-potok-hatew-tach.pdf.

［19］ https://philpapers.org/rec/HINTFO-3.

[20] John Locke, *An Essay Concerning Human Understanding* (Clarendon Press, 1975).

打破标准化

[1] 资料来自一段采访记录。同时见 : Eran Segal and Eran Elinav, *The Personalized Diet: The Revolutionary Plan to Help You Lose Weight, Prevent Disease and Feel Incredible* (Vermilion, 2017).

[2] Todd Rose, *The End of Average: How to Succeed in a World that Values Sameness* (Penguin, 2017).

[3] http://www.accident-report.com/Yearly/1950/5002.html.

[4] Todd Rose, *The End of Average*.

[5] Todd Rose, *The End of Average*.

[6] Todd Rose, *The End of Average*.

[7] A. Wrzesniewski, Berg, J. M., Grant, A. M., Kurkoski, J., and Welle, B., 'Dual mindsets at work: Achieving long-term gains in happiness'. Working paper 2017.

[8] Adam Grant, *Originals*.

[9] 作者访谈。

[10] 作者访谈。

[11] https://www.ncbi.nlm.nih.gov/pubmed/26590418.

[12] Detail from this chapter taken from interviews with Segal and others, plus Eran Segal and Eran Elinav, *The Personalized Diet*.

[13] 作者采访。

[14] Todd Rose and Ogi Ogas, *Dark Horse: Achieving Success Through the Pursuit of Fulfillment* (HarperOne, 2018).

[15] Ellwood Cuberley, *Public School Administration: A Statement of the Fundamental Principles Underlying the Organization and Administration of Public Education* (1916).

[16] https://www.edsurge.com/news/2018-07-31-6-key-principles-that-make-finnish-education-a-success.

[17] Caroline Criado Perez, *Invisible Women: Exposing Data Bias in a World Designed for Men* (Kindle edition, 2019).

[18] https://www.ncbi.nlm.nih.gov/pubmed/12495526.

[19] Todd Rose, *The End of Average*.

[20] 作者采访。

[21] https://adobe99u.files.wordpress.com/2013/07/2010+jep+space+experiments.pdf.

[22] 最近的一些研究是由伦敦国王学院的流行病学家领衔的。

集体大脑

[1] Kevin N. Laland, *Darwin's Unfinished Symphony: How Culture Made the Human Mind* (Princeton University Press, 2017).

[2] 作者采访。同时见 : Joseph Henrich, *The Secret of Our Success*.

[3] Kevin N. Laland, *Darwin's Unfinished Symphony*.

[4] https://www.thetimes.co.uk/article/black-players-helped-to-fight-racism-now-game-needs-them-in-positions-of-power-592jgc078.

[5] 另一种消除偏见的方法是使用算法来做出招聘决策，或者，至少筛选出候选人名单。毕竟，机器不会像人类一样容易受到刻板印象的影响。至少理论上应该如此。事实上，正如凯西·奥尼尔（Cathy O'Neil）在她的书《数学杀伤性武器》[*Weapons of Math Destruction* (Penguin, 2017)] 中所展示的那样，算法本身也会反映社会中存在的偏见。她讲述了"盖尔"的案例，这家美国初创企业通过查看数百万个数据点来评估求职者是否适合工作，主要在科技行业。工作成功的一个预测因素是编码人员与编码社区的整合程度。那些拥有更多追随者的人得分更高，那些与有影响力的程序员有关联的人得分也偏高。

但在寻找数据关联度时，"盖尔"的算法还发现了其他模式。例如，事实证明，经常光顾一个日本动漫网站是"预测优秀编程能力的可靠数据"。表面看起来，对于想招聘顶尖编程人员的公司，这是一个非常有用的信息。

但现在考虑一下性别的影响。平均而言，女性完成了世界上75%的无薪护理工作，也就是说，一般而言有才华的女性程序员很少有时间花在这类动漫网站上。或者这类网站本身对女性不友好，所以她们也不会去光顾。就像奥尼尔所说："就像科技界的总体情况一样，如果动漫网站主要吸引男性且有很强的性别歧视的基调，那么女性就不会去这些网站。"

这意味着，这种人数分配不均的统计算法，会对有才华的女性程序员造成偏见影响。"但显然，盖尔并不想创造一种对女性存在偏见的算法，"卡罗琳·克里亚多·佩雷斯写道，"算法的目的就是消除人类偏见。但是如果你没能看到这些偏见是如何运作的，如果你提取数据之后不花一点时间来寻找证据和纠正流程，那么你就会盲目地延续过去的不公正现象。所以，盖尔的编程人员由于没考虑到女性与男性截然不同的生活方式，他们无意中创造了一种隐含对女性不利反馈的挑选机制。"

[6] https://hbr.org/2019/06/why-you-should-create-a-shadow-board- of-younger-employees.

作者｜马修·萨伊德（Matthew Syed）

企业培训专家，英国商界的传奇人物。

曾为英国乒乓球名将，保持国内排名第1长达10年之久，两次参加奥运会。

毕业于牛津大学贝利奥尔学院，创立"马修·萨伊德咨询公司"，与壳牌、乐购、亚马逊等世界500强企业密切合作。

作为商业畅销书作家，作品仅在英国就售出超过100万册，代表作《黑匣子思维：我们如何更理性地犯错》（*Black Box Thinking: The Surprising Truth about Success*）是《星期日泰晤士报》2016年度商业书榜单第1名，被译成20多种语言，在世界范围内传播。

译者｜季丽婷

上海外国语大学英语语言文学系硕士。

曾任职中欧商业在线，负责内容研发，现任湖畔大学学习专家。

专注于企业家、组织与人才的成长发展。

多样性团队

产品经理：谭思灏　　封面设计：董歆昱
技术编辑：顾逸飞　　责任印制：梁拥军
监　　制：阴牧云　　策 划 人：吴　畏

图书在版编目（CIP）数据

　　多样性团队 / （英）马修·萨伊德著；季丽婷译
. -- 天津：天津人民出版社, 2021.1
　　书名原文：REBEL IDEAS：THE POWER OF DIVERSE
THINKING
　　ISBN 978-7-201-16944-6

　　Ⅰ. ①多… Ⅱ. ①马… ②季… Ⅲ. ①企业管理
Ⅳ. ①F272

　　中国版本图书馆CIP数据核字（2020）第250540号

Copyright © Matthew Syed Consulting Limited 2019

First published in Great Britain in 2019 by John Murray (Publishers)，an Hachette UK company.

Figures 1-6 drawn by Kathy Weeks.

Figure 7 drawn by Rodney Paull, adapted from an illustration used by Dr Todd Rose in his video
The End of Average.

图字 02-2020-92

多样性团队
DUOYANGXING TUANDUI

出　　　版	天津人民出版社
出 版 人	刘　庆
地　　　址	天津市和平区西康路35号康岳大厦
邮 政 编 码	300051
邮 购 电 话	022-23332469
电 子 信 箱	reader@tjrmcbs.com

责 任 编 辑	刘骏飞
特 约 编 辑	康嘉瑄
产 品 经 理	谭思灏
封 面 设 计	董歆昱

制 版 印 刷	河北鹏润印刷有限公司
经　　　销	新华书店
发　　　行	果麦文化传媒股份有限公司
开　　　本	710毫米×1000毫米　1/16
印　　　张	16.25
插　　　页	2
印　　　数	1–25,000
字　　　数	180千字
版 次 印 次	2021年1月第1版　2021年1月第1次印刷
定　　　价	59.80元